외로움은 광부의 삽처럼 번들거리네

시와세계 시인선 051(특별판)
강동완 시집

외로움은 광부의 삽처럼 번들거리네
초판1쇄 발행 | 2023년 8월 3일

지은이 | 강동완
펴낸이 | 고경자
펴낸곳 | 시와세계

주소 | 서울시 종로구 삼일대로30길 21, 816호
전화 | 02-745-7276
등록 | 2010년 8월 24일 제300-2010-110

ISBN 979-11-85260-53-2 03810

*책값은 뒤표지에 표시되어 있습니다.
*이 책 내용의 전부 또는 일부를 재사용하려면 반드시 저작권자와 시와세계의 동의를 받아야 합니다.

*이 책은 제주특별자치도와 제주문화예술재단의 2023년도 제주문화예술지원사업 후원을 받아 발간되었습니다.

시와세계 시인선 051

외로움은 광부의 삽처럼 번들거리네

강동완 시집

시와세계

| 시인의 말 |

아픈 숨소리가 차가운 바다을 흐른다.
이불을 덮었다.
눅눅한 이불 위로 눈이 쌓인다.
숨소리가
눈을 녹였다.

차 례

시인의 말

1부 고래들은 커다란 눈으로 사랑을 노래한다

유령 통닭집　12

구름 위에 구름　14

외로움은 광부의 삽처럼 번들거리네　16

미역 엄마　18

숨소리　20

전갈의 노래　22

당근으로 살기　24

햄릿의 숲　26

인형의 눈물　28

우아한 미술관　30

풍선껌　32

2부 직박구리가 따뜻한 햇살을 품다

산타클로스 죽이기 36

킹콩이 누군가에게 건네는 아름다운 말들 38

잘 있니, 빨강머리 앤 40

한 아이에게 던진 죽은 자장가 42

나는 그 속에서 계속 자라나고 있는 중이다 44

도마뱀의 결혼식 46

달려라 치타 48

익지 않은 고구마 49

빛 속으로 달려가는 검은 구두 50

은하수 헤어 클럽 52

요구르트의 반란 54

파스의 힘 56

3부 길가에 핀 목련 향기는 엄마 냄새

노르웨이에서 봅시다   58

도깨비가 준 오리털 파카   60

눈동자 속으로 들어온 오로라   62

아침에는 캔 커피를,   64

따뜻한 뇌   66

유리 구두   68

붉은 눈을 가진 남자   70

안개의 강   72

나의 책속에는 책갈피가 없다   74

나무들이 자라나는 배꼽   76

탱고를 추는 메텔과 철이   78

고양이에게도 자작나무처럼 나이테가 있을까   80

불타는 토마토 이야기   82

따뜻한 별   84

가그린 법칙   86

코카콜라 향기 나는 하루   88

4부 첫사랑 앵무새가 마침내 나에게 말을 걸다

귓속에 웅크린 새 혹은 중이염　90
빛 속에서, 벙어리 피터팬　92
빛이 떨어지는 소리　94
사과를 깎으며　96
부다페스트의 낭만　98
안데스 산맥의 전설　100
상어　102
사랑을 장독대에 담고　104
사과와 다시 빌헬름텔에 대하여　106
검은 울음　108
내 영혼 속에 앉은 나비　110
노을의 눈물　112
혈관 속을 날아다니는 새　114
빛나는 슬리퍼　116
붉은 풍선　118
기린의 몸에서 흘러나온 노을　120

해설 시로 세상을 치유하려는 사람 | 한명희　124

1부
고래들은 커다란 눈으로 사랑을 노래한다

유령 통닭집

머리를 붉게 염색한 한 여자가 식칼로 닭을 내려치고 있다
여인은 철갑을 두른 무사처럼 거대한 청룡도를 휘두른다
도마 위에서 닭은 마지막 숨을 내뱉으며 날개를 파르르 떨고
피가 흩뿌려진 흙속에서 상사화 한 송이 피어났다
여인의 눈빛은 빛이 일렁이는 대나무 잎사귀처럼 날카롭게 반짝였다
식칼과 닭 사이에는 고압전선처럼 팽팽하다
식칼의 날카로운 단면이 닭의 몸을 지날 때 여인은 살인의 쾌감을 느꼈다
그 쾌감은 의식을 치르는 어떤 투명한 주문 같았다

여인은 전분 반죽과 튀김가루 대신 죽은 닭의 하얀 몸에 붉은색 페인트를 칠했다
그리고 머리 없는 유령을 그려넣는다
이것은 이 통닭집의 3대째 내려오는 비법이다
통닭집은 이것을 페인트 통닭이라 부른다
기름대신 100°C의 가득찬 눈물 속에 잘려진 닭의 몸을 튀긴다
이래야 제 맛이 난다 눈물은 아침마다 장례식장에서 수거해 온다
장례식장에서 사람들의 흐르는 눈물이 가장 따뜻하기 때문이다
닭의 몸속으로 눈물이 스며들면 껍질은 퍽퍽거리지 않고
푸른 나뭇잎사귀처럼 바삭거린다
눈물이 스며든 닭의 몸뚱어리를 먹으면 내 빈약한 혈관 속에 눈물이 채워지고

눈물이 흐르고 심장은 더 뜨거워진다 투명한 털들이 온몸에 자라나고
우리들은 하얀 유령이 된다 너무 맛있어 눈물이 난다

이 시장 골목에서는 유령들이 바람처럼 이곳저곳을 휭 돌아다닌다고 한다
아니면 페인트 통닭집에 유령들이 손을 모으고 허리를 굽혀 손을 비비며
아침마다 줄을 서서 기다리고 있다
그래서 이 통닭집의 이름은 유령 통닭집이다 세상에서 가장 맛있는,

숲속에 숨어 있던 토끼들이 시장으로 내려와 도마 위에 목을 대고
여인에게 식칼을 내려쳐 달라고 부탁했다
저도 아름다운 유령이 되고 싶어요

구름 위에 구름

차가운 구름을 좀 뜯어다 베개 속에 넣었다
푹신푹신한 베개는 엄마의 서늘한 목덜미를 감싸고 눈물을 흘리며
잠이 들었다 베개는 늘 속에서부터 녹아내렸다

계곡에는 순록들의 뿔과 죽은 난쟁이들이 떠다녔다
히말라야 설산에 산다는 설인은 산을 오르다 죽어간 사람의 엄지손가락만 모았다
엄지손가락에는 지문이 없었다 햇살이 툭 건들고 지나가니 손가락에서 꽃이 피어났다

차가운 구름들은 앙상하게 드러난 엄마의 뼈를 감추었다
그림자 기사들이 사라지면 난 어두운 다락방에서 건담 피규어를 끌어안고 울었다
엄마의 몸은 8천미터 산맥으로 자라났다 그 최고봉 위에 누워서 잠을 잔다
어두운 밤이면 엄마가 히말라야 설인의 후손일 수 있다는
무서운 비밀이 떠다녔다

호주머니 속에 고양이 울음소리를 넣었다 엄마는 그 울음소리를 제일 무서워했다
엄마가 회초리를 들 때 난 호주머니 속에 숨겨둔 고양이 울음소리를 꺼낸다

메두사의 얼굴처럼, 세상의 모든 빛과 눈은 석고처럼 굳어버렸다
바깥은 뜨거운 햇살이 애벌레처럼 피부를 파고들었지만
엄마의 방은 늘 차가운 눈이 내렸다

정복자의 후손처럼 신념의 가득한 사람들은 오늘도 산을 오르고
엄마의 방은 점점 더 커지고 하늘 가까이로 뒤뚱 뒤뚱 움직이고
계곡 옆에 구름으로 지은 내 이글루는 소리 없이 허물어진다

어제 산맥을 오르던 산악인 한 명이 실종됐다
엄마의 방엔 누군가의 엄지손가락이 하나 더 늘어났다
천장 위에 모빌처럼 대롱대롱 매달려 있다

엄지손가락은 가 본 적 없는 머나먼 행성, 출구 없는 겨울밤의 빈 방이었다

외로움은 광부의 삽처럼 번들거리네

외로움은 광부의 삽처럼 번들거리네
어두운 추억들은 검은 석탄들처럼 힘없이 부서져 내리네
광부의 심장 속에서 뿜어져 나온 따뜻한 피가 단단한 암석 틈에서 흘러나오네
땅속에 숨어 있던 죽은 바람들이 광부의 뜨거운 목을 서늘하게 했네
석탄 가루가 날리면 광부들은 코를 손으로 막고 킁킁거리고
자꾸 눈을 깜박거리고 가볍게 날리는 것은 모두 아픈 것이었네
광부의 시커먼 눈 속에서 잎사귀 가득한 나무들이 자라났네
강물의 냄새를 가진 꽃들이 피어났고 그 어두운 공간은
거대한 숲으로 변했지 광부들은 그 서늘한 그늘 속에서
모든 짐을 내려놓고 잠시 쉬기도 했네
이 어둡고 사나운 공간에 호랑나비 하나 날아들었네
광부의 따뜻한 눈물이 나비의 영혼이 되었을까
자꾸 나비들은 광부의 젖은 눈 속으로 햇살처럼 뛰어드네
어둠뿐인 이곳에서 희미한 백열전등의 푸른빛이
광부의 가녀린 어깨 위로 먼지처럼 떨어지네
삽으로 석탄을 캐던 광부는 어깨가 탈골되기도 했네
광부들의 거칠게 숨 쉬는 소리가 단단한 암석을 깨트린다
이리저리 부딪치는 빗방울처럼 떨어지다가 흔적 없이 말라가네
이 어둠속에서 광부의 시퍼런 입술 같은 추위가 서글프게 밀려온다
광부들의 입술은 차갑게 죽은 나비의 날개 같았네

백열전등이 꺼지면 무거운 어둠 속에서 광부의 눈알들이 떨어져 나와
희미하게 불을 밝힌다
나는 이 숨 막히는 어둠 속에서 살아서 나갈 수 있을까 아름다운 빛 속으로,
캄캄한 어둠과 두려움, 무의식이 매일 나를 덮쳐온다
외로운 광부들은 오늘도 번들거리는 삽을 들고 어둠이 가득찬
내 머리 속에서 삽질을 하고 있다
내 머릿속에는 햇살처럼 핏물이 가득 차있다 붉은 눈물이 되어 흘러나온다
단단한 어둠 속에서 다이아몬드 같은, 죽음보다 깊은 삶의 불빛을 찾는다

나는 오늘도 번득이는 삽을 들고 깊이를 알 수 없는 삶 속으로
터벅터벅 걸어 들어간다

미역 엄마

미역이 선착장 옆 시멘트 바닥에 배를 깔고 말라가고 있다
어느 미친 여자의 바람에 흔들리는 검은 머리채 같았다
어제 죽은 사람의 검은 혀 같이 어둡고 말랑말랑했다
바람이 지나가면 미역의 마른 몸에서 죽음의 노래가 흔들흔들 새어 나왔다
엄마는 노란 단무지처럼 미역에 감기어 김밥 같았다
엄마는 아침마다 밥상위 미역 반찬처럼 접시 속에 둥그렇게 웅크려
우리들을 쳐다보고 있었다
그것들이 엄마의 몸에 달라붙어 빨판처럼 엄마의 슬픔을 빨아들인다
나는 친구들에게 놀림감이 되면 그들을 증오하며 주머니 속 미역을
질겅질겅 오래도록 씹었다
지친 엄마가 내 뱃속에서 할복을 하기도 했다 엄마의 칼은 목구멍에서
흘러나오는 따뜻한 문장처럼 부드러웠고 아름다웠다
목구멍 속으로 흘러가던 슬픈 죽음이 생선가시처럼 걸린다
나는 컥컥 검은 죽음을 토해놓는다 죽음의 모습은 날카로웠고 낯설었다
엄마가 개나리꽃 한 송이 들고 미역처럼 내 목구멍 속으로 미끄러진다
엄마는 너무 미끌미끌해서 껴안을 수도 없네요
나는 엄마가 주신 막대사탕 하나 입에 물고 커텐이 쳐진 어둠 속으로 사라
진다
  바람을 맞기 위해 건조대가 세워지면 말라가는 미역 속에서
우리들은 술래잡이를 했다 검은 두려움이 토네이도처럼 몰려올 때

세상에서 제일 안전한 곳은 엄마의 등뒤였다
볼 수 없게 깃털 구름으로 내 몸을 가렸다 아이들은 나를 영원히 찾을 수 없지만
엄마는 내가 숨어서 어두운 눈물을 흘리던 곳을 알았다
그곳은 내가 엄마 뱃속에 있을 때 엄마가 가르쳐줬던 비밀의 방이었다
지독한 어둠 때문에 슬플 때 미역을 온몸에 감싸거라
그러면 미역 속의 바다의 냄새가 너를 따뜻하게 할 것이다
그리고 너는 투명인간이 되어 아무도 너를 찾을 수 없을 것이다

내가 여전히 제일 좋아하는 음식은 미역이다
잘 말리어진 미역은 비스켓처럼 바삭거렸기 때문이다
부서지는 그 소리는 잠자리가 나뭇잎에서 공중으로 살짝 날아오르는 소리였다
내가 태어나기 전 엄마가 제일 좋아했고
여전히 엄마는 허리를 굽힌 채 따뜻한 햇살 속에서 바삭거리며
잘 말리어져 가고 있네요
영원히 사랑해요, 미끌미끌한 미역 엄마

숨소리

　내 다섯 개의 손가락 사이로 긴 생머리 휘날리는 락커의 고음의 노랫소리가 통과했다 스멀스멀 호박 덩굴이 마당을 가득채운 어두운 안개를 틈타 아무도 모르게 베란다를 뒤덮었다 드럼 소리에 맞춰 툭툭툭 빗방울이 호박잎에 떨어질 때마다 락커의 샤우팅이 들려왔다 처마 밑에서 방울뱀이 방울방울 물방울처럼 떨어진다 방울뱀들은 서로의 몸을 껴안고 구름 속에서 일곱 색깔의 무지개가 됐다 내 뭉툭한 손가락도 무지개로 만들어졌다

　일곱 색깔의 무지개에서 일곱 색깔의 눈이 떨어진다

　나는 쌓인 눈을 푹푹 밟으며 아이들과 눈 덮인 무밭에서 썰매를 탔다 내가 만든 발자국은 거대한 욕조 같았다 그리고 아이들의 얼굴도 일곱 색깔이었다 가죽 잠바를 입고 하얀 수염을 한 락커가 샤우팅을 하며 커다란 발자국 속에서 목욕을 하고 있다 발자국 안에는 따뜻했고 쑥 향기가 가득 했다 어둠속에서 칼을 찬 들쥐들이 락커 주위를 둥그렇게 감싸고 횃불을 들어 빙빙 돌며 인디언의 어떤 우울한 의식처럼 구슬픈 노래를 불렀다 그 의식은 붉은 눈알을 가진 짐승의 숨소리 같았다

　락커는 새벽녘 해가 뜨기 전에 다섯 개의 손가락을 가방에 넣고 일곱 색깔의 무지개를 목도리처럼 어깨에 걸치고 안개 속으로 사라졌다 차가운 안개가 됐다
　락커는 입속에 가득 담아 우물거리던 반딧불이들을 후 하며 빛 없는 세상 속

으로 날려 보냈다
　햇살 위에 앉아 있던 호랑나비 한 무리를 잡아 바람만 가득한 별 속에 풀어 놓았다

　락커의 샤우팅은 안개와 부딪쳐 처마 밑에서 방울방울 물방울처럼 떨어진다
　락커의 샤우팅은 가끔 영혼 없는 개구리 울음소리 같았다
　또는 축축이 외롭게 내리는 가을비였을까
　락커의 샤우팅에서 피 냄새가 났다
　매일 아침 어둠 속에서 락커의 샤우팅이 호랑지빠귀 울음소리와 함께 들려온다

　붉은 구름이 붉은 눈물을 흘린다 고개를 꺾고 마른 나뭇잎위에 손을 가지런히 모아 기도 올리는 락커, 바닥을 흐르는 락커의 숨소리

　내 심장은 아직 흔들리고 있다
　마른 나뭇잎들은 바람에 날려 아직 지상에 떨어지지 않았다

전갈의 노래

독을 품은 전갈들의 세상이다

내 입속엔 드럼을 치는 붉은 전갈이 산다
전갈의 독은 둥둥 드럼소리로 공기 중을 떠다니며 퍼져나간다
나의 독을 품은 몇 마디 말에 너는 온몸에 독이 퍼져 고사목처럼 굳어버릴 것
이다
전갈의 독을 쏘인 달은 어린 애처럼 자꾸 눈을 비빈다
눈곱처럼 회색 구름들이 한쪽으로 몰려있다
전갈이 흙을 뚫고 나뭇잎을 기어 다니면 바싹 마른 이 세상에도
붉은 비가 내릴 것이다
달빛의 주머니 속에서 어머니의 한숨처럼 어둠이 무너져 내린다
이 세상의 모든 우울한 그림자는 독이 퍼진 차가운 눈을 맞으며
벌겋게 녹이 슨 슬픔을 토해 내고 있다
살얼음 위에서 아픈 그림자가 녹아내리고 있다
나뭇잎 위에서 지나가는 사람들의 어깨 위로 떨어진 전갈은 완강한 목에
뜨거운 눈물을 투여한다
독이 퍼지면 사람들의 가녀린 입술은 빨간 메니큐어 바른 것처럼 붉어진다
사람들의 작았던 귀가 캥거루 귀처럼 커진다
밭에서 집으로 돌아오신 아버지는 전갈을 담은 술을 마신다
아버지는 평생 아픈 전갈처럼 사셨다

아버지의 등에는 신앙처럼 전갈 문신이 그려져 있다 깊은 밤 속 어둠이
누군가의 손톱 속에서 녹아내릴 때면 문신에서 전갈들이 나와
마룻바닥을 기어 다니며 슬픈 노래를 불렀다
그대의 젖은 눈을 만지고 싶어요 따뜻한 눈물을 흘리며 잠들고 싶어요
어린 동생과 나는 전갈을 구멍가게에서 넉넉한 돈으로 바꾸기도 했다
배고플 때 향기로운 베이컨처럼 전갈을 씹어 먹었다
내 입 속에서 전갈들은 알을 까고 입 속은 전갈의 모래 무덤이 되었다
어둠과 불타는 태양을 채워 넣은 내 어린 시절의 책가방 속엔 마른 전갈들이
책갈피가 되었다
오래된 상처 자국처럼 사람들이 보지 못하게 숨겨 놓았다
짝사랑하는 옆자리의 여자 친구에게만 아름다운 전갈들을 살짝 보여 주었다
독이 퍼진 내 삶은 뜨거운 구들장 위에서 불타오르며 눈을 감는다
붉은 생채기들이 숨 가쁘게 독이 묻은 꽃가루를 묻히며 아물어간다
내 눈물 속엔 푸른 독이 있다 나의 눈은 언젠간 멀어질 것이다
전갈의 독은 겨울 숲을 날아가는 날개 달린 그리움이다
전갈들이 흙을 비집고 세상 속으로 기어 나온다 내 혀가 얼얼하다

당근으로 살기

　코를 간질이는 향긋한 당근을 먹는다 죽은 사람들의 시간은 차갑고 붉다 향긋하다 당근을 닮았다 그리고 영원한가 거대한 당근을 허리춤에 묶고 안나푸르나를 오른다 거대한 눈 속에 사람들이 두더지처럼 파묻혀있다 100년이 지난 지금도 죽은 사람들은 영원해지기 위해 두더지처럼 눈 속에서 거대한 동굴과 길을 만들고 있다 눈 속에 파묻힌 사람들의 심장 속엔 탁상시계가 들어 있다 눈 속에서 재깍재깍 시계소리가 들린다 크레바스를 지날 때마다 기다란 당근을 놓고 그 위로 지나갔다 시간이 얼어서 산등성이를 굴러 다녔다 설인들은 배고플 때마다 아이스크림 같은 시간을 허겁지겁 먹었다 그래서 설인들은 영원히 살 수 있었다 난 배고플 때마다 가져온 당근을 먹었다 당근은 거대해서 좀처럼 줄어들지 않았다 다시 눈 속에 파묻힌 죽은 사람들의 시간은 영원한가 그들의 시간을 가위로 오려 모빌처럼 하늘 속 구름에 매달았다 우울한 태양과 가까워지면 그들의 시간은 불타 없어졌다 다시 비가 되고 눈이 되어 지상에 떨어진다 모든 우울한 것들은 마침내 영원해지기 시작했다 난 안나푸르나 정상에 오른다 가져온 당근을 깃발 대신 꽂았다 당근들은 서로의 손을 잡고 정상에 오른 감격에 소리치고 뛰어다녔다 한 개의 당근이 뿌리를 뻗고 죽은 사람들의 시간이 뿌리를 뻗어 당근 밭이 마침내 안나푸르나 정상 한 구석에 생겼다

　난 산을 내려올 생각이 없다 거기에서 죽은 사람들의 시간과 영원히 같이 할 것이다 내가 영원해지는 마지막 방법이기 때문이다 난 이세상의 우울한 사람들에게 당근 하나씩 호주머니 속에 집어 넣는다 가끔 모든 것을 버리고 당근으로

살아가는 사람들이 있다 그들의 삶이 멋있고 아름답다

  죽은 사람들의 눈빛은 애처로운 달빛이다
  눈 속에서 마지막 촛불을 켠다

햄릿의 숲*

얼어붙은 호수 주위로 거대한 숲이 있다
이 숲을 지나는 사람들의 생각과 붉은 눈빛은 이상한 울음소리를 냈다
이 숲을 지나는 사람들 중 아이들만 흔적 없이 사라졌다
그래서 사람들은 이 숲을 어린 유령의 숲이라 불렀다
숲속으로 눈처럼 떨어지는 하얀 생각이라는 것은 거대한 토네이도처럼
자작나무 숲을 우수수 흔들어댔다
차가운 눈이 끊임 없이 이어지는 생각을 멈추게 했다

햄릿과 햄릿의 붉은 생각은 자정이 되면 마차를 타고 매일 숲을 지나갔다
햄릿의 우울한 생각들은 푸른 늑대들의 갈퀴를 잡고 자작나무 숲을 뛰어다녔다
햄릿은 붉은 생각 속에서 심장을 꺼내 착한 늑대들에게 던져주었다
사라진 아이들의 영혼은 늑대의 붉은 눈알 속에서 반짝였다

아무도 이 숲속에서 우울한 생각을 먼저 보여주지 않았다
아무도 착한 늑대들에게 먼저 사랑한다고 말하지도 않는다
새어 나오는 울음을 호주머니 속에 꾹 눌러놓고
햄릿은 애벌레처럼 몸을 말아 우울한 생각 속으로 들어가 숨는다
햄릿은 햄릿의 우울한 생각이 된다
햄릿의 생각은 겨울밤 자작나무 숲으로 떨어지는 차가운 달빛과 부딪치면

---

* 햄릿의 숲: 햄릿의 숲은 TV예능프로그램 제목입니다. 이 예능프로그램 제목에서 힌트를 얻어 이 시를 쓰게 됐습니다.

오로라가 된다

햄릿은 사라져가는 누군가의 마지막 생각을 심장 속에 감추고
죽은 사람의 영혼 냄새 나는 낙엽이 깔린 적막한 숲길을 달리고 달린다
끝이 없으므로 생각 속에서 벗어날 수도 없다

착한 늑대가 하울링을 하며 눈을 감는다 아니 햄릿이 기도를 한다
여 기 살 아 있 다
난 아직도 덜컹거리는 마차 위에서 숨죽이고 있을 뿐이다

인형의 눈물

커튼 사이로 들어온 햇살이 먼지와 뒹굴며 키스를 하고 있다
삐걱거리는 흔들의자에서 귀 없는 노파가 흔들흔들 졸고 있다
흔들의자는 왈츠 풍으로 방안을 돌아다니고 있다
방 안 한쪽 구석에 거대한 침대 위에 바비인형이 누워있다
인형은 거대한 공장에서 사지가 마비된 채로 태어났다
바비인형은 붉은색 블라우스를 입고 있었다
매일 아침 문틈 사이로 죽음을 알리는 종소리가 흘러왔다*
노파는 아무것도 들리지 않게 바비인형의 귀를 잘라주었다
인형은 기쁠 때나 슬플 때나 침대 위에서 아름다운 노래를 불렀다
노파는 인형을 깨끗이 씻기고 매일 가장 아름다운 블라우스를 입힌다
방 안 구석에 웅크려 있던 어둠이 바비인형의 콧속으로 빨려 들어갔다
잠시 뒤 문틈 사이로 흘러온 햇살이 인형의 콧속으로 다시 빨려 들어갔다
인형의 몸은 풍선처럼 가벼워진다
거리가 어둠으로 채워지고 달빛이 비치면 바비인형과 거대한 침대는
하늘 속을 날아다녔다

햇살이 절름거리며 방안에 다다르면 인형의 몸속에서 뿌리가 생기고
나무줄기가 자라나고 잎사귀가 매달렸다
가끔 열매가 맺히고 향긋한 꽃이 피기도 했다

---

* 죽음을 알리는 종소리가 들려왔다: '오페라의 유령' 에서 주인공의 대사.

바비인형은 단단한 나무가 되었다 방안은 거대한 숲이 되어간다

노파는 서둘러 거대한 숲을 불태웠다
인형은 차가운 눈물을 흘린다
불에 타 날 수 없는 수많은 나비들이 노파의 몸을 짓눌렀다
노파의 행동은 어떤 알 수 없는 오래된 종교 의식처럼 이상했다
안개가 문틈 사이로 흘러오면 가끔 사지가 마비된 바비인형은
몽유병 걸린 것처럼 어두운 거리를 돌아다녔다

바비인형은 아무 일 없는 것처럼 매일 침대 위에 누워있다
귀없는 노파는 흔들의자에서 여전히 흔들흔들 졸고
가벼운 먼지들만이 인형의 몸을 누르고 인형은 거칠게 숨을 쉴 뿐이었다

우아한 미술관

어둡고 하수구냄새 나는 도시의 구석에 미술관 하나 있었다
미술관 안에는 튤립향기가 진동했다
어둡고 차가운 안개로 가득 찼다
미술관은 누군가의 초상화 그림만 걸려 있었다
초상화 속에는 검은 비가 내리고 있었다
이 미술관으로 들어가려면 손가락 하나를 자르고
잘린 손가락을 불태우는 의식을 치러야했다
가끔 그림을 구경하던 아이들이 흔적도 없이 사라졌다
다음날 사라진 아이들의 초상화가 걸려 있었다
그림 속 아이들의 눈동자 속에서 아름다운 빛이 새어나왔다

나는 문틈 사이로 흘러오는 햇살을 뭉쳐
쇠똥구리처럼 미술관을 돌아다녔다
햇살뭉치는 거대해지더니 초상화들을 불태웠다
초상화에 갇혀있던 어떤 빛들이 하늘 속으로 사라졌다
어떤 빛은 구름이 되고 어떤 빛은 비가 되고
어떤 빛은 별이 되었다

아직도 도시의 구석엔 미술관이 있다
그 미술관 안에는 어떤 그림도 없었고 하얀 벽만이 있었다

나는 하얀 벽에 흐르는 눈물로 내 얼굴을 그리기 시작했다
초상화는 울고 있었다
나는 영원히 내 안에 갇혀 있다
아무도 미술관을 찾지 않았다

풍선껌

나는 고무 같은 풍선껌을 씹습니다
질겅질겅 씹히는 것은 모두 아름답거나 잔인합니까
후하고 따뜻한 숨을 껌에 불어 넣습니다
나의 차가운 몸속에 따뜻한 피가 흐르기 시작하죠
껌은 지구처럼 동그랗게 부풀어 오르고 우리들의 우울한 목소리는
고요한 숲속에 누워있는 따뜻한 잠속으로 사라집니다
너의 우울한 눈동자 속에 햇살 한줌과 마르지 않는 빗방울을 뿌릴게
열기구처럼 부풀어 오른 풍선껌을 입에 물고 아무도 가 본 적 없는
그림자들의 세계로 날아갑니다
풍선 안에는 아이들이 구슬치기를 합니다
아름다운 소녀가 네잎클로버를 찾고 있습니다
사슴들이 절벽 위에서 꽃을 먹고 있습니다
말랑말랑 해질 때까지 질긴 희망을 씹습니다
짧은 희망처럼 단물들은 성급하게 마른 목구멍 속으로 사라집니다
슬픔은 가라앉지 않는, 물이 흐르는 비이커 속의 톱밥과도 같습니다
슬픔은 얼굴 속에 숨어 감출 수가 없습니다
아이들이 서로 풍선껌의 크기를 자랑하며 비교 합니다
아이들 중 말더듬이 소년이 제일 큰 풍선을 만들었죠
가끔 내기에서 진 짓궂은 아이가 풍선을 터트리기도 하죠
허약한 심장이 터져 아이의 눈동자 속에서 가벼운 꿈 하나가

지워지기도 합니다
나의 따뜻한 손바닥위에 스피아민트 껌이 놓여 있습니다
풍선껌이 커다란 풍선이 되기 위해서 나는 죽은 나뭇잎 위에서
잠을 자야 합니다 아직 불빛은 꺼지지 않았으니
햇살의 향기는 중독되어 여전히 지독하므로
나는 질긴 희망을 여전히 씹을 겁니다 말랑말랑한 구름이 될 겁니다

2부
직박구리가 따뜻한 햇살을 품다

산타클로스 죽이기

눈이 거칠게 내리던 날 산타클로스를 죽였다 창문으로 넘어오는 강도인줄 알고 목 졸라 죽였다 산타를 서둘러 텃밭 사과나무 밑에 묻었다 썰매를 끄는 사슴들은 얼어붙은 계곡으로 떨어졌다 아이들에게 산타가 아파서 이번 겨울엔 찾아오지 않을 거라 둘러댔다 아이들은 붉게 흔들리는 내 눈동자에서 거짓말을 알아챘다 아이들은 더는 꿈을 꾸지 않았다 빨간 양말을 창문 옆에 놔두지도 않았다 아름다운 눈도 내리지 않았다 세상은 온통 공허한 안개로 채워졌다 아이들은 수없이 눈을 깜박거리고 말을 더듬었다 이 세상의 모든 아름다운 소리들이 유리처럼 부서지며 침묵은 낙엽처럼 쌓였다 급하게 전조등을 깜빡거리는 차들이 부딪쳐 도로 위를 함박눈처럼 뒹굴었다 겨울은 찾아오지 않았다 겨울이 오지 않으니 봄도 오지 않고 봄이 오지 않으니 여름도 오지 않는다 가을도 오지 않는다 지구는 거대한 유성처럼 불탔다 태양계에서 태양은 결국 두 개가 되었다 아름다운 지구를 되찾기 위해 난 서둘러 산타클로스가 돼야 했다 모든 것을 되돌려놓고 싶었다 산타가 되는 방법은 사과나무에 달린 사과를 먹는 것이다 먼저 죽은 산타와 같이 묻어둔 그림자를 꺼내 내 가벼운 영혼 속에 집어넣었다 하늘 속에서 사과들이 투명한 빗방울처럼 쏟아졌다 길가에는 수많은 붉은 사과들이 굴러다녔다 아이들은 사과를 허겁지겁 주워 먹고 호랑나비가 되었다 나비가 된 아이들은 사슴 대신 그해 겨울 내 썰매를 끌었다 썰매는 내가 깊은 잠에서 깨어 날 때마다 울었다

나는 어두운 밤 골목 의자 위에 앉아 잠시 쉬고 있었다 지나가는 경비원이 내

게 이 모든 것은 꿈이에요 라고 말한다 산타가 이 거리를 지나갔는데 보지 못했나요 아이들은 산타를 기다리고 있는데 아직 선물을 받지 못했거든요 하며 숲속으로 사라졌다 기울어진 가로등 불빛이 차가운 공기위에 낙엽처럼 쓰러졌다 산타는 죽지 않았나요 사슴들은 어떻게 됐나요 난 흐느끼며 울었다 나비들이 가득 찬 골목을 지나 흩날리는 눈송이처럼 어두운 집으로 돌아갔다 다음날 아침 동굴 같은 집과 그 속으로 들어간 사람이 아무 흔적 없이 사라졌다 환한 빛만이 서늘한 물처럼 그 자리에 고여 있었다

킹콩이 누군가에게 건네는 아름다운 말들

킹콩이 열심히 뜨개질을 한다* 꾸벅 꾸벅 졸며, 서늘한 동굴 속에서 흘러나오는 포크송에 맞춰 콧노래를 하며 사랑하는 그녀 K의 스웨터를 짜고 있다 차가운 눈들이 킹콩이 만든 스웨터에 소복이 쌓이면 스웨터에서 하얀 새의 울음소리가 들렸다

킹콩이 제일 잘하는 음식은 사과잼을 바른 에그 토스트이다 아직 그녀는 타조의 털로 만든 이불속에서 타조의 속도로 꿈속을 달리고 있다

킹콩은 아침마다 원두커피와 토스트를 만들어 커다란 식탁에 다소곳이 앉아 그녀를 기다린다
보라색으로 머리를 염색하고 펑키 파마를 하고 샤넬 스킨 향을 풍기며 그녀에게 다가간다

킹콩이 하이힐을 신고 고속도로를 달린다

달빛이 동굴 속으로 서늘하게 내리면 킹콩은 사랑하는 그녀K와 바위위에서 블루스를 춘다, 서류가방 속에 있는 A4용지를 꺼내 시를 쓴다, 사랑에 대한 시를 쓴다, K와 다시 블루스를 춘다, 다시 이별에 대한 시를 쓴다

---

* 커다란 킹콩이 열심히 뜨개질을 한다: TV프로그램 싱어게인2에서 심사위원인 김이나 심사위원이 심사평에서 한 말입니다. 김이나 심사위원의 말에서 힌트를 얻어 이 시를 쓰게 되었습니다.

일에 지쳐 낙엽처럼 거리를 헤매던 이 시대의 감성적인 회사원들은 킹콩이 되어가고 있다 서류 가방을 들고 빌딩 숲을 이리저리 뛰어 다닌다 사랑에 대한 시를 쓰는 킹콩이 돼가고 있다

　킹콩은 저녁이 되면 바오밥나무 아래서 반딧불이를 손에 감싸고 퇴근하는 K를 기다린다 그녀를 자전거에 태우고 달빛이 가득한 동네 한 바퀴를 돌고 있다 달빛이 엄마처럼 손을 내밀어 자전거를 밀고 있다
　킹콩은 그녀의 가장 믿음직스런 경호원이다 그녀에게 아름다운 시를 건넨다

　뜨개질을 하는 킹콩에 대한 사랑 얘기는 여기서 해피엔딩입니다

잘 있니, 빨강머리 앤

　빨강머리 앤은 우리 집 이층에 세 들어 살았다 나는 그녀를 아무도 몰래 사랑했다 빨간 그녀의 머리카락처럼 내 머리카락도 붉게 물들였다 그녀의 얼굴엔 주근깨가 덕지덕지 붙어 있었지만 그 주근깨는 우주에서 지구로 떨어진 별똥별들이었다 그녀는 가끔 새벽 한 시에 베란다에 나와 한참을 밤하늘의 행성을 바라보다 가장 아름다운 별을 뚝 따서 집안으로 들어갔다 그녀는 모과나무를 좋아했다 그래서 이층에는 모과나무 다섯 그루가 심어져 있었다 그녀는 모과가 노랗게 익으면 모과를 따서 1층 계단으로 데굴데굴 굴렸다 모과는 그녀의 깊은 푸른색 눈동자 같았다

　어느 날 흰 눈이 내리고 이층 베란다에 눈이 쌓이면 그녀는 아무도 몰래 쌓인 눈 위에 누워 있었다 긴 혀를 내밀고 내리는 눈을 솜사탕처럼 녹여 먹는다 빨간 머리카락 때문에 눈이 붉게 물든다

　겨울밤이 되면 그녀는 얼어붙어 냉동인간이 되어 깊게 잠들었다 태양이 떠오를 때 그녀의 몸은 서서히 녹기 시작한다 그녀의 몸은 투명한 물이 된다 그녀는 계단으로 흐르거나 처마 밑에서 뚝뚝 떨어지거나 깊은 상처처럼 아무도 몰래 베란다에 고여 있었다

　그녀의 방은 모든 게 붉은 색이었다 피어나는 꽃들도 그녀의 아름다운 일기장도 모두 붉은 색이었다

그녀의 눈물도 붉은색이었다

나는 종이비행기를 접어서 이층으로 날려 보낸다 종이비행기 안에는 하트 모양의 은행나무 잎사귀가 끼워져 있었다 어느 날부터인가 빨강머리 앤은 내가 올려 보낸 종이비행기를 모으고 있었다 그녀의 붉은 색 방안에 모빌처럼 대롱대롱 매달려 있었다 내 몸이 그녀의 방안에 대롱대롱 매달려 있는 것 같았다

빨강머리 앤도 나를 사랑하고 있는 걸까 그녀는 가끔 종이비행기를 타서 달에 갔다 오곤 했다 빨강머리 앤을 찾을 수 있을까 빨강머리 앤은 우리 집 이층에 세 들어 살았다

한 아이에게 던진 죽은 자장가

처마 밑에 목을 맨 내 젖은 팬티 사이로 미친 까마귀들이 얼어붙은 심장을 쪼아대고 붉게 터져버린 어린 아이의 푸른 눈동자 속에서 노란 유채꽃이 따뜻한 눈물 되어 알싸하게 터진다 어제 태어난 아이가 오늘 거품을 물고 죽고 미친 구름들은 차가운 수술대 위에서 노래를 부르고 엄마는 죽은 자장가를 풀숲 구덩이 속에 묻는다

새 한 마리 풀숲 속에 날개를 펼치고 알을 품고 있다
알은 어디서 왔을까 알은 거칠게 두드려도 깨지지 않는다
알은 조그만 빛의 숨죽인 흔들림으로 안에서부터 깨고 나오는 것이다

알 속에서 죽은 자장가가 들렸다

구슬치기를 하던 한 아이가 빛 속에서 현기증을 일으키며 쓰러지면
다른 한 아이가 태양의 목을 조르고 아이는 눈이 멀어진다
죽어가는 태양은 무릎을 꿇고 손을 모아 마지막 찬송가를 부른다
눈먼 비둘기들이 날개를 뜯으며 창문에 부리를 박고
피를 흘리며 죽어갔다

사랑했던 그녀의 목덜미는 사슴 같았고 시궁창처럼 익숙했고 엄마의 따뜻한 말처럼 안전했다 레밍 쥐들이 무리를 이루어 벼룩처럼 절벽 같은 내 몸을 기어

오른다 목덜미에 새겨진 어둠의 시간들이 수류탄처럼 터진다 죽은 쥐의 냄새는 피에 젖은 악령의 보랏빛 블라우스 냄새 같았다

  죽은 자장가가 태풍이 지나간 계곡 사이로
  뿌리째 뽑혀 흘러가는 나무처럼 뒹굴고

  아이는 알을 깨고 태양을 삼킬 수 있을까
  한 아이가 다른 한 아이에게 손에 쥔 빛을 던진다

나는 그 속에서 계속 자라나고 있는 중이다

내가 사는 집에는 벽장이 열 개가 있었다
 손잡이에 다섯 개의 다이아몬드가 박혀진 벽장은 거대한 동굴처럼 한곳으로 이어져 있었다 벽장 속에 비가 내리면 나는 가장 따뜻한 외투를 걸치고 벽장 속에 쇼윈도의 마네킹처럼 서 있었다 거리를 지나는 사람들이 가끔 나의 몸을 만지고 히죽히죽 쓴웃음을 지으며 아무 일 없다는 듯이 서둘러 사라졌다 벽장 속에는 다이아몬드가 박힌 명품가방과 철지난 옷들이 가득했다 가방 속에는 박쥐들이 살았고 나는 박쥐들 몰래 가방 속에 알을 낳았다 가방 속에서 쇼팽의 피아노 소리가 흘러나왔다 나는 여전히 계속 태어나고 있는 중이다

 새벽 12시가 되면 보라색 블라우스를 입은 소녀들이 피리를 불며 벽장 속으로 들어갔다 벽장 속으로 들어간 소녀들은 다음날 안개가 되어 벽장 속에서 나왔다 가끔 벽장 속에서 나온 거인들이 잠들어 있는 내 심장을 훔쳐갔다 벽장은 쓸쓸히 슬프기도 했다 마을에는 아이들이 점점 더 없어졌다

 벽장 속에는 안개가 가득 찼고 여전히 비바람이 불고 있었다 벽장 속에서 재깍재깍 시계소리가 들려왔다 시계 소리는 점점 더 커지며 천둥소리 같았다 시계 소리에는 이상하게 해바라기 향기가 났다 벽장 속에 아름다운 정원을 만들고 꽃을 키웠지만 결국 벽장 속에서 어떤 일이 일어나고 있는지 아무도 알 수 없었다

 나는 밤이 되면 마을 집을 돌아다니며 아이들의 귀를 자르고 잘린 귀를 과자

처럼 벽장 속에 숨겨 놓았다 귀들은 쿵쿵 마룻바닥을 돌아다니며 먼지들을 외투처럼 걸치고 진혼가를 불렀다 벽장 속에 잘린 귀들이 가득차면 벽장을 불태웠다 벽장이 다 타버리면 나는 아빠에게 이 세상에서 가장 아름다운 벽장을 만들어 달라고 정중히 부탁했다 아빠는 이 세상에서 가장 훌륭한 목공이었다 아빠에게도 벽장 속을 보여주겠다고 약속을 했다

  어둠이 내리면 벽장은 내 방에서 떨어져 나와 저녁 하늘을 날아다녔다 호랑나비들도 벽장과 함께 날았다 나비들은 따뜻한 달빛을 모았다 벽장 속에 달빛이 가득차면 귀 없는 아이들이 태어났다 아이들은 나비로 변해 살포시 나뭇잎 위에 내려앉았다 길거리에 눈처럼 벽장들이 굴러다니기도 했다 그녀의 차가운 잠속에 굴러다니는 아름다운 귀들처럼, 나는 벽장을 씹어 삼키고 벽장 속으로 들어가 영원히 나오지 않았다
  벽장 속에서 도대체 무슨 일이 일어나고 있는 걸까

도마뱀의 결혼식

태양이 구름 중절모를 눌러 쓰고 안개 넥타이를 하고 신사처럼 정중하게
뜨거운 가래침을 뱉었다 죽은 태아들이 어둠처럼 웅크려 있는 안개였다
눈알 하나 없는 죽은 참새가 조카의 길고 꿈틀거리는 영혼을 콕 찍어
안개 속으로 사라지다
날아가며 질펀하게 내 이마에 똥을 갈기고 달아났다
그 똥냄새가 사랑했던 여인의 향수 냄새 같았다
가래침을 맞은 들꽃들의 투명한 외투는 젖고 들꽃의 꽃 봉우리에서
벌거벗은 큐피드들이 태어났다
식용으로 팔려가는 우울한 노예 개들이 안개의 숲을 지나니
불타는 검은 재가 되었다
검은 재들은 그 곁을 지나는 어느 노파의 허약한 그림자 위로 털썩 쓰러졌다
노파는 타이어를 끄는 씨름 선수처럼 그림자를 끌고 언덕을 넘어야 했다
그림자는 누군가 만들어 놓은 슬픈 얼굴을 한 밀랍 인형들이야
구멍 속에서 도마뱀들이 나와 밀랍 인형을 뜯어 먹었다
사람들은 벌거벗은 채로 거리로 뛰쳐나오며 유레카라고 외쳤다
젖은 신문지처럼 날지 못하고 그래서 바람은 신문지를 등에 업고
땅바닥을 기어 다니고 미쳐서 결국 잠들었네 미쳐서 영원히 깨어나지도 못하네
도마뱀들이 담벼락에서 기어 나와 노파의 그림자를 질질 끌며 구멍 속으로 사
라졌다
어린 조카가 고추를 내밀고 휘저으며 사라진 구멍 속으로

투명한 꿈들을 쏟아냈다
결혼식을 성대히 치르던 도마뱀들이 소리를 지르며 구멍 속에서 뛰쳐나왔다
턱시도를 한 도마뱀과 붉은 드레스를 입은 도마뱀의 몸에서
오줌냄새에 절여진 웃음들이 피어올랐다
나는 햇빛에 타버린 검은 슬픔을 음미하는 것처럼 도마뱀 하나 입에 넣고
우물우물 씹었다 포도알처럼 톡톡 터지는 것이 기분이 더러웠다
도마뱀을 뜨거운 다리미로 반듯하게 밀고 싶었다

하루가 지나자 내 엉덩이에서 도마뱀의 꼬리가 자라났다 꼬리를 잘라도 다음 날에 다시 자라났다 내 눈알은 퀭하게 튀어 나왔고 아무것도 보이지 않았다 눈알들은 땅바닥을 기어 다니다가 천정에 붙어 비명을 지르고 온몸이 뜨거운 울음소리다 안약을 넣어도 눈알들은 푸른 구슬처럼 어디론가 굴러가네 이 찬란한 거리에서 저 뜨거운 어둠의 거리 속으로 쓰러지네 새들은 내 눈동자 속에 부리를 박고 새들이 눈동자를 다 파먹기를 바랐다 내 눈이 새의 눈이 되어 내 영혼이 태양 속에서 불타오르기를 아득한 구멍 속으로 사라지고 싶었다 곰팡이 핀 방안 문틈 사이로 꼬리 없는 도마뱀들이 수없이 들락거리며 내 몸속으로 들어왔다

방안에 커다란 코모도 도마뱀 한 마리 혀를 낼름거리며
불타오르는 꿈속을 헤매고 있었다

달려라 치타

　잠자기 전에 시큼한 식초를 눈에 바르는 것이 나의 유일한 취미였다 나는 우울한 난쟁이 키가 커지기 위해 누군가의 꿈속을 위태롭게 드나들지 샅샅이 훑어 심장 속에서 신비롭고 낭만적인 태양을 훔친다 나는 누군가의 아름다운 어둠에 감염되기도 하네 간호사는 해독제로 그녀의 따뜻한 눈물을 혈관 속에 투여한다 나는 사랑스런 그녀에게 내 것과 같은 말하는 인형을 선물 하네 그녀의 신비스러운 코는 내려앉은 지붕처럼 위태롭네 그래서 가벼운 햇살로 그녀의 콧속을 단단히 채우네 그녀는 비밀이 많은 가식적인 모나리자네 그녀의 의식은 항상 몽롱한 꿈속이지 인형은 누군가의 꿈이 거대한 프레스기로 눌려 압축될 때 휘파람을 부네 그것은 바람의 살갗이 벗겨지는 것처럼 고통스럽네 인형의 뱃속에는 배고픈 치타가 달을 향해 달리고 있네 나뭇잎이 많이 쌓인 아침 나비의 날개소리가 들리네 나비들은 지칠 줄 모르고 물구덩이 첨벙거리는 행인의 심장 속으로 날아가네 딱딱한 죽음을 입에 물고 꽃술 속으로 후하고 불어 넣는다 꽃 속에서 부스럭 부스럭 따뜻한 음악이 흘러나오네 빛을 감은 삶의 목소리가 태어나는 소리네 나는 인형의 몸속에서 꿈 쪽으로 가는 출구를 찾는다 위가 거북이 등처럼 비대해진 인형은 정육점의 고깃덩어리처럼 나를 토해낸다 모자를 쓴 인형은 꽃으로 장식된 빙하 위에서 북극성과 저녁식사를 하고 있네 나는 어지럽게 버려진 꿈들을 정리하며 인형의 꼬리를 자른다 눈이 내리는 날 인형을 잃어버린다 인형의 꼬리만 장작불 주위에서 인디언처럼 춤을 추고 있다　내리는 눈雪을 와르르 내 눈目 속에 엎지른다 그녀가 눈 내리는 세렝게티의 초원에서 치타처럼 죽음의 웅덩이를 건너뛰고 있다

익지 않은 고구마

어머니는 솔잎 같은 손으로 기다란 고구마를 세숫대야 가득 넣어
씻고 있다. 난 그 옆에 고구마 같이 쭈그려 앉아 졸린 잠들을
활활 타오르는 아궁이 속으로 한 움큼씩 집어던진다.
―그만 집어넣어라 잠도 내일을 위해선 아껴야 된다.
엉킨 껍질 사이 언뜻 언뜻 비치는 하얀 속살
몇 개의 고구마는 물 속 깊이 가라앉아 아예 떠오르지 않았다.
달구어진 수증기 알맹이들이 고통처럼 튀어 올라 술렁거리는 세상 속
고구마들은 두 눈을 꼭 감은 채 데굴데굴 떨어진다.
―어머니 저 고구마들은 언제 익나요.
―그건 1시간이 될지 하루가 될지 평생 될지 아무도 모른단다.
―그럼 익지 않는 고구마도 있나요.
난 참지 못해 덜 익은 것들을 몰래 꺼내 먹기도 하고
반쯤 익은 머리가 한 쪽으로 쏠려 있는 누런 몸들을
조바심처럼 젓가락으로 쿡쿡 찔러댔다.
아궁이 속 불이 꺼지고 갈라진 벽 사이로 박자 잃은 숨소리처럼
새어나온 시커먼 연기들이 방안 가득 채울 때 연기로 채워진
아랫배에서는 배탈이 나기도 하고 내 몸 알 수 없는 상처만 늘어났다.
―어머니 저 고구마들은 언제 익나요.

빛 속으로 달려가는 검은 구두

내 낡고 검은 구두 속엔 쥐들이 살았다.
언제부터였을까. 눈이 매섭게 몰아치는 날
쥐들에겐 따뜻한 털이 있는 낡은 구두가 안식처였다.
가끔 쥐들은 커다란 구두를 끌고 찬송가를 부르며 깊이를 알 수 없는
어둠속으로 사라졌다. 나는 죽은 쥐 옆에서 부들부들 떨며 잠들었다.
저녁이 되어 어둠이 내려앉으면 가여운 구두는 눈물을 흘리며 울었다.
나를 재워줘, 나를 재워줘, 초록빛 젖은 잎사귀를 덮고 영원히 잠들고 싶어.
집 속에 숨어있던 쥐들이 일제히 찍찍거렸다.
자정이 되었을 때 난 구두를 신고 오솔길을 따라 숲속으로 걸어 들어갔다.
그 숲 한 가운데 저수지가 있었다. 안개로 가득 찬 무의식 같았다.
난 아름다운 달빛이 물결에 내려 앉아 파동을 일으키는 모습을 보고 싶었다.
구두가 자꾸 저수지 가운데로 풍덩풍덩 뛰어들었다.
서둘러 구두를 벗는다.
난 자살구두란다, 너의 고통을 아주 쉽게 내가 끝내줄게.
구두는 저수지로 뛰어들었다.
허겁지겁 산에서 내려왔다. 비가 매섭게 내리기 시작했다.
다음날 초록빛 잎사귀엔 투명한 물방울이 맺혀 있었지만
저수지는 바닥이 드러나 보일 정도로 메말라 있었다.
진흙덩이가 묻힌 초라한 구두 한 켤레가 저수지 가운데 있었다.
나를 다시 신어줘, 너를 사랑해, 난 너의 오래된 영혼이잖아.

난 울음을 터트리며 낡은 구두를 외면했다.
생일날 어머니는 아주 멋진 새 구두를 사주셨다.
아가야, 다시 시작하렴. 죽음의 향기는 사라지고 창문 틈으로 흘러온 빛이
구두 속에 고여 온몸을 따뜻하게 할 거야.
여전히 어둠이 내려앉으면 저수지 쪽에서 낡은 구두의 울음소리 들렸다.
쥐들은 여전히 새 구두 속에서 일제히 찍찍거렸다.

난 엄마가 사주신 새 구두를 껴안고 부들부들 떨며
죽은 쥐 옆에서 잠들었다.

은하수 헤어 클럽*

내 불안한 영혼에 거친 슬픔이 밀려오기 시작하면 머리카락이 자라났다
고통의 색깔은 불안한 영혼이 단단해지면서부터 점점 하얘졌다
영혼 속에 고통들이 덩굴처럼 자라나고 마침내 어두운 숲이 되어갔다
숨을 쉴 수 없어 숨을 쉴 수 없어 여기에서 벗어나고 싶소
난 어두운 도시의 가장 구석에서 반딧불이가 모여 반짝이는
영혼을 다루는 미용실로 뛰어들었다
아침이면 미용실 구석에 웅크려 잠들어 있던 호랑나비들이 수없이 날아다녔다
이 지독한 냄새를 가진 거대한 숲을 태워줄 순 없소
미용실 여인은 아무 말 없이 내 영혼에 가위질을 하기 시작했다
고통들이 발밑으로 우수수 떨어져나가기 시작했다
당신의 불안한 영혼에 아름다운 정원을 만들 거요
꽃과 잎사귀에 물방울이 맺히면 더 싱그러워질 것이요
어렵겠지만 그래서 지금부터 비오는 날을 사랑해 봐요
진흙 같은 슬픔 속에서도 꽃이 피어나니까요
그럼 내 슬픔 속엔 튤립이 피어나면 좋겠네요
차가운 미용실 천장에는 은하수가 흐르고 있었다
이 아름다운 별들은 어디서 왔나요 이 별자리들은 어떻게 만들어졌나요
이 별들은 사람들이 버리고 간 머리카락으로 만들어진 거요
내 차가운 심장에도 은하수를 흐르게 할 순 없소

---

* 제주시 용담동에 있는 미용실 이름.

슬픔은 심장에서부터 나무처럼 자라나는 것이니까요
차가운 심장에게 물어보세요 외로운 심장이 대답해줄 것이오
그럼 대머리를 가진 사람들은 도대체 무엇인가요
그들은 고통의 존재를 부정하는 영혼들이에요
고통이 없으니 그들에겐 행복의 향기도 없소

이 슬픔들을 아주 검게 염색을 해주세요
내가 고통이 있다는 것을 다른 사람에게 들키는 것이 두렵소
난 아주 건강하게 살고 싶거든요

영혼을 다듬질하러 은하수 헤어 클럽으로 들어가는
사람들의 뒷모습에는 온통 빛으로 가득 찼다

요구르트의 반란

엄마의 젖가슴은 바다의 해초처럼 늘어져 살랑거렸다
엄마가 슬퍼하면 흘러내리는 눈물처럼 오래도록 시린 눈이 내렸고
벚꽃 같은 젖무덤이 빙하처럼 굳는다
나는 북극을 유영하는 범고래가 되어 빙하의 동굴 속에서 오래도록 잠이 들었다
시력이 안 좋은 범고래는 물방울 콘택트렌즈를 끼고 해저 깊은 곳으로 떠나
돌아오지 않았다 엄마의 젖이 말라갈 때쯤 엄마는 나에게 신선한 요구르트를
주었지
입 속에서 물컹한 햇살이 알싸하게 터지는 신비스런 알약처럼, 하루에 한 개씩
애야 이것밖에 없구나 이것을 마시면 슈퍼맨처럼 굉장한 힘을 발휘할 거야
이 세상의 모든 울음은 요구르트 냄새 나는 죽은 나뭇잎 속에서 녹아내린다
젖은 울음의 향기는 어둡고 차가운 공기 속에서 꽃잎의 영혼을 떨어뜨리며
가볍게 흔들리는 가장 깊은 숲속의 고요한 나비 날개 위에 머문다
요구르트는 비키니 입은 늘씬한 바람이었네 자꾸 바람이 불어오는 쪽으로
눈을 돌리는 응큼한 사내들은 입 속이 달콤했네
요구르트는 어린 나에겐 얼굴 없는 신이었네
요구르트를 마신다는 건 어둠 없는 신생아에서 착한 어른이 되었다는 증거지
키가 커가면서도 나는 아득한 엄마의 젖무덤을 잊지 못했네
관 속으로 들어가는 죽은 자의 몸에 붉은 꽃잎처럼 신선한 요구르트를 뿌리네
차가운 영혼이 부패되지 않고 어두운 바람 속에서 천천히 말라가도록
죽은 자의 얼굴에서 미소가 보였네

뼈가 우두둑 부서지며 죽은 자의 몸에서 백합꽃이 피어나고
혹은 심장 속으로 스며든 요구르트 성분 때문에 죽은 자가 다시 살아나올 수 있다는
두려움은 살아서 남은 사람들의 눈동자에 붉은 눈물로 흘러 내렸네
사랑하는 사람을 구름 속에 묻고 돌아온 저녁 아침이 되기 전에
머리를 자르고 검은 발톱을 서둘러 깎았네
엄마가 긴 머리를 자른 날에는 요구르트를 뿌려 김치찌개를 만들고
된장국을 만들고 고등어를 기름 대신에 고소한 요구르트에 튀기네
바싹 튀겨진 고등어들이 대중목욕탕 같은 뿌연 내 머리 속에서 빼금빼금 담배를 피우는
있을 수 없는 이 현상들을 나는 요구르트의 반란이라 하겠다
음식을 만드는 엄마의 엉덩이가 가냘픈 요구르트병 같았네
과학자들은 현미경으로 요구르트의 성분을 분석하네
요구르트의 성분은 세상 속을 돌아다니다 지쳐서 기절한 따뜻한 햇살과
맨 처음 길가에 떨어지는 싱그러운 꽃잎의 향기였네
노을 속으로 요구르트를 뿌리고 노을은 더 짙어지네
요구르트는 부족한 내 언어 감각을 보듬는 황금빛 양장 국어사전 같았네

파스의 힘

비 내리는 버스정류소 낯선 여인에게서 파스냄새가 났다

그녀의 얼굴은 능숙하게 성형한 것 같았지만 깨진 유리조각이 박힌, 테이프로 어수선하게 묶여진 진열대 위의 감귤박스 같았다 그녀의 눈동자는 어두웠고 만약 그녀가 파스를 붙였다면 그녀의 파스 또한 어두울 것이다 그녀가 눈을 감으면 그녀의 눈동자에도 쓸쓸한 나무처럼 파스가 돋아나기 시작했다 그녀의 파스 향기는 섬뜩하다 긴 혀를 내밀고 핏방울을 떨어뜨리며 지나가던 개들이 그녀의 몸에 코를 대고 킁킁거린다 그녀는 아찔할 정도로 매력적이다 어쩌면 그녀에게 파스란 영혼을 가꾸는 화장품과도 같은 것이 아니었을까 그녀는 깊은 몸속에서 차가운 말들의 단도를 꺼내어 개의 목을 후려친다 파스의 향기는 저돌적이고 은밀하다 모래 바람이 지나간 자리 홀로 피어 있는 마른 풀꽃 향기이다 나와 그녀 사이에는 사나운 폐허처럼 검은 사막이 펼쳐져 있다 젖은 울음도 섞여있다 그녀는 모래로 만든 뼈들을 썩은 근육 속에 끼워 맞춘다 파스가 떨어지지 않게 조심조심 파스의 힘은 녹슬어버린 어둠을 풀고 근육 속에 단단한 희망을 전달할 것이다 바람에 흔적 없이 사라질까 나의 손은 항상 파스의 심장에 닿아 있다

3부
길가에 핀 목련 향기는 엄마 냄새

노르웨이에서 봅시다

빨간 블라우스를 입은 할머니가 빨간 캐리어를 끌며 구름다리를 건너고 있다
할머닌 젤리 같은 구름 위에서 비틀즈의 음악을 들으며 거품목욕을 즐겁게 하죠
귀 기울여 보세요 할머니가 빗방울이 되어 후두둑 당신의 눈썹 위로 떨어지는 소리
들리나요 캐리어 속에서 캐비아가 부화되는 소리
할머니는 먹구름 밑에서 온몸으로 비를 맞고 있는 배고픈 노숙인에게
캐비아를 나누어 준다
상어들의 귀가 캐리어 속에서 튀쳐나온다
할머니의 배꼽에는 아직도 하얀 눈이 떨어지고 있나요
노숙인들의 귀는 아직도 아름다운가요
이 세상의 모든 우울한 귀들은 아름다운 꽃잎으로 변해 젖은 거리에
하얀 목숨을 떨어뜨릴 거예요
할머니는 바람의 심장으로 가기 위해 나뭇잎을 타고 구름을 건너
태양의 혓바닥에서 잠시 쉬고 있어요
어두운 추위에 혼자 떨지 마세요 캐리어 속으로 들어간 할머니가 어두운 밤마다
당신의 불꽃이 될 거예요
유령들은 무릎을 꿇고 고개를 숙여 당신을 숭배할 거예요
당신의 어린 꿈속에서 말 못하는 빨간 왕관 앵무새는 잘 자라고 있나요
앵무새의 혓속에선 눈부시게 꽃이 피어나고 있나요

할머니의 입술이 가지 끝에 매달려 쓸쓸히 잠이 든다
아침햇살이 캄캄한 할머니의 몸을 통과하면
죽음으로 채워진 꿈속에서 환한 목소리를 떨어뜨리며 다시 살아서
돌아올 수 있을까 할머니의 은빛 안경알에서 우울한 음악이 흘러나온다

할머니는 은행나무 잎사귀에 이슬로 동그랗게 맺혔다
캐리어 속엔 불타오르는 햇살들이 가득차 있었다

빨간 왕관 앵무새 하나 빨간 캐리어를 끌고 구름 속으로 사라졌다
노르웨이에서 봅시다

도깨비가 준 오리털 파카

　엄마 모습을 한 도깨비가 눈 내리는 겨울 숲에서 나에게 오리털 파카를 선물했지
　따뜻하고 행복했지만 죽어간 오리가 생각이 나서 손에 비친 달빛만큼 우울 했어
　오리들의 영혼은 나뭇잎이 되어 허공을 우울하게 떠돈다지
　이 많은 오리털을 만들기 위해 몇 마리의 오리가 죽었을까
　털이 다 뽑힌 오리는 지구가 싫어서 다른 행성으로 사라졌다지
　오리털 파카 위에 소복이 쌓인 눈덩이는 엄마의 차가운 눈물이라네
　난 커다란 오리 알로 변해 오리의 따뜻한 품속에 오랫동안 있고 싶었어
　그러다가 내 몸이 새끼 오리로 변해도 슬프지 않아
　오리털 파카를 입으면 내 불안한 심장 속에서 시커먼 어둠이 빠져나와
　서둘러 먹구름 속으로 사라지기도 하지
　오랜 시간이 흘러 어른이 됐을 때 그 어둠이 죽음이라는 걸 알았지
　도깨비가 준 오리털 파카를 입으면 내 몸은 잎사귀 많은 거대한 나무가 되지
　추위에 떠는 어린 새들을 따뜻하게 품어주었지
　오리털 파카를 입고 오리들과 연못을 떠다니며 위태로운 소금쟁이의
　가벼운 영혼을 훔치거나 가느다란 다리를 부러뜨리고
　우린 서로에게 무서운 이별을 노래하지
　어릴 적부터 숨겨온 내 위험한 슬픔을 오리에게만 고백하지
　어릴 적부터 내 안에는 커다란 불타는 곰이 살고 있어 언젠간 그 녀석을 죽일 거야
　아니면 거대하고 캄캄한 무의식에 내 몸과 가녀린 생각이 삼켜져

내가 먼저 죽을지도 모르지 지금껏 외롭고 괴로운 나날이었어
이제부턴 먼저 내 방의 어두운 커튼을 걷을 거야
여기저기에 벗어놓은 신발부터 가지런히 정리할 거야
난 비 오는 날에도 우산을 쓰지 않아 비의 울음을 온몸으로 껴안지
그리고 아무도 모르게 어두운 하늘을 바라보며 따뜻한 눈물을 흘려
엄마도 눈물을 흘려 내 가녀린 어깨 위로 뛰어 오른 오리들도 눈물을 흘려

　미안해, 너의 소중한 영혼의 털을 뽑아서, 춥고 캄캄한 무의식들이 떨어지는 어두운 겨울날 내가 살려면 이 방법 밖에 없었어 도깨비가 준 오리털 파카, 내 안을 따뜻하게 하는 붉은 심장이죠 모든 따뜻한 냄새는 심장을 통해 몸 안으로 퍼져나가죠 따뜻한 오리털 파카를 입고 바람의 손바닥 위에 누워 내리는 눈들을 눈물로 천천히 녹일게요 눈물은 영원히 얼어붙지 않을 거예요

눈동자 속으로 들어온 오로라

태양의 얼어붙은 입술이 남극의 빙산에 걸려있다
난 눈 내린 지붕 위에서 죽은 영혼들이 오로라 속으로 걸어들어가는 걸
보았지 누군가 오로라는 장미색 피부를 가진 금발의 아름다운 여신이라
말했던가* 엄마의 이상한 눈물 같은 오로라
엄마의 눈물은 여러 가지 색깔을 가지고 있지
마른 낙엽으로 젖은 온몸을 덮은 것처럼 따뜻했다
사랑하는 연인들은 오로라를 보며 서로의 사랑을 약속하죠
오로라는 먼저 죽어간 내 사랑하는 여인입니다
거인의 발톱으로 만들어졌다죠
오로라의 낯선 냄새를 맡으며 배가 불러오기도 하고
나는 오로라의 끝자락을 잘라 마른 입안으로 삼키죠
그러면 내 어두웠던 눈동자는 태양계 밖 행성을 볼 수 있고
추운 겨울날 거리를 떠도는 차가운 영혼을 사랑하게 됐죠
나는 오로라의 날카로운 발톱을 잘라 차가운 영혼들에게 나누어주고
다시 발톱은 우울하게 움직이지 않는 누추한 심장에 박힌다
휘몰아치는 눈 속에서 심장이 다시 뛰는 소리가 들렸다
아파왔지만 아픔을 느낄 수 있어 눈물을 흘렸다

---

* 오로라라는 이름은 아우로라에서 유래했는데, 이는 '새벽'이라는 뜻의 라틴어이며 로마신화에서 나오는 '여명의 여신(그리스 신화의 에오스)'이기도 하다. 아우로라는 장미색 피부를 가진 금발의 아름다운 여신이라 하며 태양신 헬리오스의 누이동생이다.

눈보라 속에서 보이는 모든 것을 삼키던 하얀 유령들이
오로라를 향해 무릎을 꿇고 고개를 숙인다
유령들이 거대한 오로라를 손으로 떠받치고 있다
유령들이 오로라 불빛 속에서 떨어진 귀를 줍고 있다
오로라를 한 번이라도 본 사람이거나 바다에 흘린 그 불타는 지느러미를
먹어 본 사람은 절망하지 않는다 눈을 감으며 우울해하지도 않는다
다시 눈보라 속에서 유령들이 죽어가는 영혼들을 오로라 속으로
밀어넣고 있다

오로라 같은 신비한 비밀 때문에 나는 죽지 않고 여태껏 살고 있다
오로라가 내 심장 속으로 들어왔다 나는 깨끗하고 이상하게 살 것이다

아침에는 캔 커피를,

난 매일 아침 레쓰비* 캔 커피를 마신다 하루에 다섯 캔씩 먹어야 살 수 있다
다섯은 당신의 머리카락이 비에 젖으면 흔들리는 다섯 개의 꿈

늙고 마른 엄마들이 커피콩을 가지고 커피공장 입구에 줄을 서서 기다리고 있다
아이들은 허물어진 벽을 둥그렇게 치대어 핫케익과 휘핑크림을 만들었다
일요일에는 캔 커피와 핫케익을 가지고 지구를 한 바퀴 산책해요
캔 커피와 핫케익은 눈 없는 소녀의 빨간 블라우스일까요

커피콩나무 구멍 속으로 시인은 시를 쓰러 들어가고
커피콩나무 구멍 속에서 소녀의 눈물이 커피콩이 되기도 하고
혹은 커피콩나무를 잽싸게 오르는 도마뱀이 되기도 하고

앙상한 나무들이 부스스 낙엽을 떨어뜨리며 수군거리고
앞집 할아버지가 먼지를 쓸어내다 기울어진 먼지에 눌려 죽었대
100일된 옆집 아기가 마루에 버려진 핫케익 속에 빠져 죽었대
부모들은 아동학대죄로 처벌을 받는다네
사악한 먼지들은 가지를 흔들며 웃었대
아침마다 나뭇가지에서 들려오는 새소리가 오늘 죽을 자의 이름을
서글피 불러대는 것 같다

---

* 레쓰비: 레쓰비(Let's Be)는 캔 커피 이름. 우리 함께 라는 뜻의 Let's Be Together에서 Together를 줄인 말로서 캔 커피를 마실 때에는 항상 레쓰비를 마시자라는 뜻을 담고 있다.

레쓰비를 먹은 사람들은 엔돌핀이 넘쳐흘러 하루 종일 미친 듯이 웃었대
상갓집에 벗어 놓은 신발 속에 몰래 들어가 찍찍찍 암호를 주고받으며 웃었대
커피공장 하수구로 고래들이 죽어 나오고
커피의 성분 때문에 썩은 이빨들이 바람의 피부에 박혀
윙윙 죽은 소리를 내고 내 입속은 온통 임플란트 무덤이 돼야 했다

레쓰비 캔 커피를 먹으면 기분이 좋아진다 심장이 떨리고 심장이 잠이 들고
마을 작은 슈퍼에서 캔 커피를 파는 할머니의 따뜻한 미소가 상큼한 사과 같다
그러나 캔 커피의 레시피는 빙하기 얼음 산맥에 숨겨져 있어
아무도 모른다죠
가끔 이곳을 지나가는 회색 갈퀴를 가진 거대한 늑대들만이 알 수 있다죠
 늑대들은 계곡을 두려워하지 않았다 계곡에는 커피콩이 강처럼 흐르고 있으므로

따뜻한 뇌

길거리를 지나가다 내 어두운 의식들이 떨어져 맨홀 속으로 흘러갔다
마르지 않는 따뜻한 눈물이 맨홀 속으로 흘러갔다
캄캄한 맨홀 속에는 외롭고 주글주글한 나의 뇌가 있다
가끔 온몸을 뛰어드는 꽃잎을 먹고 숨을 쉴 수 있었다
나의 뇌는 이 세상의 모든 차가운 죽음과 어두운 슬픔들을 마주한다
어두운 모든 것들은 지독한 냄새를 풍겼다
나는 맨홀 속 어둠들을 청소하기 위해 아름다운 청소부를 고용한다
그 아름다운 햇살은 내 아내이다
아내의 몸 냄새와 따뜻한 말들을 들으면 나의 뇌는 맑은 햇살로 변했다
청소하기 위해 맨홀 속으로 들어간 아내는 어두운 나의 의식과 캄캄한 두려움을
마시고 의식을 잃는다 쓰러져 있는 아내를 따뜻하게 껴안았다
아내는 가볍고 향긋한 꽃잎이 되어 바람에 날렸다
떨어진 꽃잎들을 화분에 모아놓았다 화분에서 꽃나무가 자라났다

아침이면 매일 잠자고 있는 아내의 발톱을 잘랐다
떨어진 발톱들은 구들장 위를 굴러다니다 아내가 눈을 뜨면
하늘 위에서 아름다운 깃털 구름이 된다

사라지지 않는 어두운 추억들 때문에 내 머리에는 종양이 자라기 시작했다
짓궂은 구슬들이 머릿속을 악령처럼 굴러다니는 것 같았다

나는 종양을 떼어 내어 향긋한 꽃밭 속에 묻어두고 싶었다
어두운 겨울날 지나가던 길 고양이가 얼어붙은 뇌를 파먹기 시작했다

어두운 추위에 떨고 있는 나의 뇌를 캄캄한 맨홀 속에서 꺼내줘
누가 어두운 맨홀 속 나의 뇌에 잎사귀 많은 나무를 심어줘요
나무의 열매는 심장 속으로 흘러가 또 하나의 단단한 심장이 되고
떨어진 나뭇잎은 추위에 떨고 있는 영혼들을 따뜻하게 감쌌다
나의 시커먼 뇌는 불타는 태양이 되기 시작했다

유리 구두

왕자와 춤을 추던 신데렐라는 자정이 되자 서둘러 어둠 속으로 사라졌다
벗어놓은 유리 구두 한 짝은 달빛에 가려 보이지 않았다
뉴스난에 신데렐라가 강변 갈대 사이에 죽은 채 있었다고 보도했다
지독한 계모와 언니들 때문에 숨쉬기조차 싫었던 것일까
왕자는 너무 슬퍼 독방에서 스스로 목숨을 끊었다
갈대 사이 유리 구두 한 짝은 신데렐라의 품속에서 햇살에 반짝거렸다

눈이 내리던 어느 겨울밤 누군가가 내 방 창문을 두드리고 있었다
눈꽃으로 피어나는 눈과 함께 내리던 신데렐라였다
그녀는 나와 아름다운 춤을 추자고 했다
춤을 추다가 자정이 되자 신데렐라는 나에게 푸른 유리병을 주고 맨발로 사라졌다
유리병 속에는 신데렐라의 붉은 눈물이 가득차 있었다
달빛이 유리병을 따뜻하게 감싸고 있었다
유리병속의 신데렐라의 눈물을 마시면 죽지 않고 평생 살 수 있다고 했다
그녀는 달빛이 창문을 넘어오면 유리병을 깨뜨려달라고 부탁을 했다
그러면 다시 찾아와 주겠노라고 했다
그것은 봉인된 주문이 풀리는 어떤 오래된 의식 같았다

나는 유리 구두 한 짝을 그렸다

모든 의문은 유리 구두 한 짝에서부터 시작됐다
그림을 찢고 나온, 유리 구두 한 짝을 신은 신데렐라가
어두운 방안 나를 쳐다보고 있었다
나는 매일 달빛이 창문 틈으로 흘러오면 달빛 속에서 유리 구두 한 짝을 그렸다
매일 그녀의 차가운 발을 따뜻하게 하려고 유리 구두를 신겼다

나는 신데렐라가 죽은 갈대밭에 찾아갔다
피의 흔적이 물길을 따라 있었고
갈대들이 죽은 그녀의 머리채처럼 강 쪽으로 누워져 있었다
잠시 뒤 비가 내렸다
빗방울 속을 들여다보니 수많은 신데렐라가 허리를 굽힌 채
빗방울 속에서 잠을 자고 있었다
빗방울이 끈적이는 피의 흔적을 영원히 지우고 있었다

붉은 눈을 가진 남자

그는 목이 없는 남자였다 붉은 눈을 가졌다 그의 심장은 검고 적막했다 태양을 삼킨 어둠의 낙타였다 그의 몸에서 수선화 향기가 났다 그의 볼록 나온 등은 악어 껍질 같이 단단했다

그는 태양의 시체 옆에서 마블링이 아름다운 등심의 햄버거를 먹거나 고래의 지느러미로 만든 스테이크를 먹죠 추운 눈들이 창문을 두드리면 따뜻한 추억이 고여 있는 안전한 앨범 속으로 들어가 잠을 잤다

그는 여름에도 오리털 파카를 입고 아스팔트 위에서 마라톤을 했다 오후 2시에 매일 히말라야 벌판에서 온 순록과 커피를 마신다 아마존의 벌거벗은 여인과 뜨거운 사랑을 꿈꾸거나 아프리카의 마사이족과 사자를 사냥하고 사자의 등에 올라타 아득한 우주 속으로 불타는 도끼를 던진다 던진 도끼가 되돌아와 사내의 머리통을 쩍 가를지도 모르죠

아침이면 금붕어와 어항을 머릿속에 집어넣어 외출하고 사내가 사람들에게 격렬하게 말하는 모든 것은 금붕어가 입을 뻐끔거리는 것이죠 모든 게 금붕어의 생각입니다 저녁이 되면 머릿속의 금붕어 어항을 꺼내 어두운 탁자 위에 놓고 금붕어들은 어항 속에서 나와 사내의 펼쳐진 손바닥 위에서 잔다 어두운 슬픔 때문에 길게 자란 손톱을 먹는다

사내는 10분마다 죽은 시계를 들여다봅니다
  10분마다 혓바닥을 내밀어 죽은 햇살을 맛봅니다

  깨끗하고 따뜻한 피들이 죽어있는 사내의 몸속을 흐릅니다 나는 여전히 숨을 쉬고 있고 내 눈동자는 커튼 밖 태양을 향할 겁니다 슬픈 일들은 더 이상 일어나지 않을 겁니다

안개의 강

눈을 감으면 태양이 내 목구멍 속에 뜨겁게 걸려있다
햇살들이 차가운 뇌에서 녹아내리고 있다
목구멍 속에서 나오는 말들은 흐물흐물해서 당신의 눈썹 위에서 자꾸 미끄러진다
어두운 골목에서 절름발이 바람들은 허약한 노인의 흔들리는 눈빛처럼
자꾸 지붕 위에서 넘어 진다
아이들은 눈알을 잃어버리거나 고개를 떨구고 허약한 벌레들을 밟아 죽였다
반딧불들이 아이의 영혼을 물고 달빛 속으로 뛰어들었다
쇠똥구리들이 수많은 태양들을 어둠 속에서 굴리기 시작했다
죽은 사람들도 영혼을 구슬처럼 굴리며 아름다운 빛 속으로 사라지는가
나의 슬픔은 아직 빗방울처럼 누군가의 눈동자 속에 눈물로 맺혀있는가
내 머리카락들을 뽑아 죽은 자의 가녀린 목을 덮어주었다

나는 지금 안개의 강을 지나고 있다
안개는 끊임없이 밀려오는 어두운 의식들처럼 나는 숨을 쉴 수 없었다
안개는 죽어 있는 심장 속으로 흘러들어 내 사랑하는 여인의 아름다운 귀가 된다
여인의 귀는 누군가의 슬픈 영혼이 변한 바스락거리는 나뭇잎 같았다
혹은 내 머릿속에 안개가 가득 차면 어머니가 자꾸 아무 이유 없이 쓰러지거나
길고양이들이 발톱을 뽑으며 죽어갔다

나는 어두운 잠속으로 빗방울처럼 스며들었다
발속에서 뛰쳐나온 각질들이 가로등 밑에 소복이 쌓인다
각질은 아름다운 민들레 꽃잎이 되었다 고양이의 번들거리는 갈색 털이 되었다
각질의 냄새는 죽음의 냄새를 닮아 있다
죽음은 언제나 우리들에게 젖은 낙엽의 냄새처럼 우울한 빛깔인가
다시 나는 아름다운 빛 속에서 머리카락을 자른다
머리카락이 바람에 날리며 죽음에 기울어진 가여운 영혼들을 감아
삶의 불빛 쪽으로 끌어당긴다

태양을 목구멍 속에서 꺼내 슬픈 눈알처럼 눈 속에 꽂아 넣는다
눈 속에서 잠을 자던 갈색 고양이가 너무 뜨거워 눈알을 밀치며 뛰쳐나왔다
아무도 흔들리는 죽음에 대해 의심하지 않았다 아무것도 흔들리지 않았다
모든 것은 죽음에서부터 시작되므로 그것은 소리 없이 기다리는 것이므로

나의 책속에는 책갈피가 없다

　이홉짜리 소주병이 거친 눈발과 부딪치며 시멘트 바닥 위를 뒹굴고 있다

　어머니는 돌담 뒤에 숨어 토끼눈처럼 끔벅거리며 차가운 눈물을 흘린다 그해 겨울날 엄마의 유일한 친구는 갈색 길고양이었다 갈색 길고양이를 품은 엄마는 온몸이 따뜻했다 문밖에는 슬픔과 따뜻한 계절에 대해 쓰여진 찢어진 책들이 날렸다 책 겉표지엔 감추고 싶은 우리들의 오랜 상처처럼 쥐 오줌이 얼룩져 있다
　누군가 성급히 벗어 놓은 고무 슬리퍼가 배추 잎사귀처럼 마당에 버려져 있다

　어머니의 울음소리가 뒹굴던 소주병에 부딪쳐 주저앉는다
　창틀에 끼여 반짝였다
　단단한 구슬처럼 동생의 벌린 입속으로 굴러 간다 따뜻하게 녹여먹었다

　아버지는 달빛이 비치면 늑대처럼 울부짖었다
　달빛은 다행히도 동생의 그림자 위에서 정신을 잃는다
　아버지가 정말 늑대가 아니길 간절히 바랐다

　어둠속에서 내리던 눈들이 시멘트 바닥에 부딪쳐 쓸쓸히 울부짖는다 아버지의 누런 러닝셔츠와 줄무늬 체육복이 문틈 사이로 백열등처럼 깜박거린다 아버지의 몸에 달라붙은 알콜 냄새가 천정에 매달렸다가 마룻바닥 위로 핏방울처럼 후두둑 떨어진다 가녀린 내 어깨를 짓누른다 추운 공기로 채워진 나의 혓바닥은

얼어붙어 소 리 지 를 수 없 다

  아무 말 없이 울고 있는 누나가 알콜 냄새가 고인 마룻바닥을 걸레질한다 마룻바닥이 누나를 걸레질한다 멜론향이 풍기는 누나의 긴 머리카락이 백열전등 밑에서 흔들린다 머리카락이 울고 있는 것만 같았다 아버지의 충혈된 눈동자가 앙골라 토끼눈처럼 대리석으로 된 천정을 바라보며 끔벅거리다 닫혔다

  소주병이 부들부들 떨면서 눈 속에서 잠들었다

  그해 겨울날 눈과 눈들 속에서 잠깐씩 비치는 별들과 바람에게서 버터냄새가 났다 알콜에 취한 별들이 뒷마당 싱싱한 배춧잎 위에 떨어져 애벌레처럼 깜박거린다
  모든 게 우울한 악몽이었다 유령 같은 나날이었다
  그래서 나의 찢어진 영혼에는 책갈피가 없다

나무들이 자라나는 배꼽

당신의 슬픈 배꼽에는 나무들이 자랍니까 꽃들은 피어나나요
배꼽이 거대한 숲이 되어 캄캄해질 때 어둠의 악령을 몰아내는
불타는 태양이 떠오르죠 꽃나무에서 떨어지는 가여운 꽃잎들은
모두 배꼽 속으로 흘러들어갑니다
차가운 바람들이 배꼽 속을 지나 입속에서 뿜어져 나올 때
따뜻한 심장하나 가진 바람이 됩니다
삶에 지친 영혼들은 자신의 배꼽 속으로 들어가 잠을 잡니다
그곳은 아주 고요하고 따뜻하답니다
배꼽 속으로 기다란 손가락을 꾹 찔러 봅니다 그 냄새가 길가에 떨어진
은행나무 열매처럼 아주 향기로울까요
배꼽 속에서 검은 구름들이 나와 하늘 속에 위태롭게 걸립니다
비들이 내리기 시작하면 이 세상의 모든 강물들은 신들의 배꼽 속으로
흘러들어 간답니다 그래서 신들의 배꼽에는 거대한 호수가 있죠
나는 배꼽을 죽을 때까지 사랑하기로 했습니다
아빠의 배꼽, 엄마의 배꼽, 누나의 배꼽, 동생의 배꼽 이들은 너무 즐거워 웃
고 있네요
그리고 우울하고 슬픈 나의 배꼽은 항상 아파요
죽고 싶을 만큼 아플 때도 있어요 그때는 두 손을 모아 신에게 기도를 하죠
이 아픔이 당신의 눈동자 속에 고인 눈물이 될 순 없나요
나는 작은 연못 같은 배꼽 속에 잉어 한 마리 키우죠

나는 불행히도 친구가 없답니다
나는 책가방을 연못 옆에 놔두고 고개를 숙여 몸속의 잉어를 바라보죠
잉어들은 다행이도 건강하고 잘 자라고 있어요
잉어들이 다 자라면 깊이를 알 수 없는 아득한 강으로 보낼 생각이예요
나의 가여운 영혼도 잉어를 따라 깊은 강 속으로 흘러들어 갈지도 모르죠

태양의 신이여 나의 작고 여린 배꼽 속으로 햇살 한줌 떨어뜨려주세요
햇살들이 자라나서 거대한 태양이 잉태되면 태양을 꺼내
차가운 눈물들이 흘러가고 있는 어두운 골목 한 귀퉁이에 매달게요

저녁이 되면 자신의 몸속에서 떨어져 나온
예쁘고 작은 배꼽들이 우르르 어두운 골목을 눈발처럼 몰려다니고 있네요

탱고를 추는 메텔과 철이

저녁 9시 눈보라가 유령처럼 몰아치면 사람들은 둥그런 귀들을 잘라냈다 눈 속으로 날려 보냈다 어떤 의식처럼 접시를 깨뜨렸다 메텔과 철이는 은하철도 999에 귀가 없는 사람들을 태우고 사람의 뇌 모양을 한 행성 속으로 사라진다 어두운 행성들은 오래전부터 치매가 걸렸다 그래서 할머닌 밤새도록 접시를 깨뜨렸다 우주 속에도 죽어가는 행성들이 모인 어둠의 은하가 있어 슬프게도 자신의 품속에 자란 산맥과 강을 기억하지 못한다 자기가 우주인 것도 모른다 눈부신 햇살 속에서 접시가 깨지면 우주가 어린애처럼 말을 더듬는다 그래서 할머닌 하루 종일 우울한 접시를 깨뜨렸다 접시가 깨지는 소리는 우주의 끝까지 들렸으며 아름다웠다 기차를 타고 치매에 걸린 행성의 혈관 속으로 들어가 얼어붙은 강을 녹였다 거대한 강이 접시 위에 고인 누군가의 눈물처럼 따뜻하다 치매 걸린 행성 속으로 붉은 빗방울이 쏟아졌고 비를 맞은 사람들의 발톱과 손톱은 썩어 들어가거나 더 이상 자라지 않았다

메텔과 철이는 서로 사랑하는 사이일까요 그게 어릴 적부터 제일 궁금했다 그래서 붉은 사과를 먹는다 붉은 사과를 먹으면 알 수 있죠 붉은 사과들은 누군가의 차가운 잠속으로 흘러들어가 떨고 있는 영혼을 따뜻하게 감싼다 새벽녘에 깨어난 할머니는 입속에 우물우물 거리던 씨앗들을 우주 속에 뱉는다 둥그런 띠 모양의 아름다운 행성들이 생겨났다 메텔과 철이는 서로 사랑하는 사이였으면 좋겠습니다
그래야 외로운 행성들이 어두운 밤에 더 아름답게 빛나죠

메텔과 철이는 우주 속에 버려져 운석처럼 떠다니는 냉장고를 연다 냉장고 안에는 눈이 내리고 있고 눈 속에서 멧돼지가 열심히 런닝 머신을 하고 있다 그 옆에 200kg 벤치 프레스 하는 아름다운 여자의 목덜미를 힐끔힐끔 쳐다본다 키가 크고 긴 생머리의 근육질 여자는 메텔이었다 아주 무례한 사람들은 키 작고 허약한 철이를 놀리기도 했다 메텔과 철이는 어두운 방안에 우주를 가두고 아름다운 탱고를 추죠 메텔과 철이는 정말 사랑하는 사이일까요 우주의 심장 속으로 구슬처럼 흘러 들어갑니다 할머니는 더 이상 접시를 깨뜨리지 않습니다

　어린 조카가 은하철도 999에 메텔과 철이*를 태우고 어두운 방에서 소꿉놀이를 하고 있다
　빛들이 우주 속에서 한꺼번에 조카의 심장 속으로 훅 들어왔다

---

* 　만화 '은하철도 999'에서 나오는 주인공들.

고양이에게도 자작나무처럼 나이테가 있을까

저 아름다운 갈색의 털을 가진 고양이에게서 피냄새가 났다
처마 밑에 아슬아슬하게 매달린 빗물 같은 어머니의 영혼을 몰래 훔쳐
돌 틈 사이로 재빠르게 사라진다 어머니는 10년째 뇌경색이시다

나는 고양이의 이빨을 뽑고 눈알을 파고 꼬리를 자르는 꿈을 꿨다
고양이에게도 자작나무처럼 나이테가 있을까
고양이의 몸을 자작나무처럼 톱으로 자르는 끔찍한 상상을 하기도 했다
죽어가는 영혼들을 위한 마지막 만찬 의식처럼
고양이의 나이테는 그들이 물어 죽인 가여운 영혼들의 숫자다
누군가의 영혼을 훔치면 더 가벼워지는 고양이의 영혼에 뜨거운 키스를 하고

고양이의 나이테에 흰 눈이 내린다

고양이의 그림자가 차가운 시멘트 바닥 위에 떨어지는 달빛을 핥고 있다
그들의 흔들리는 눈빛은 깨끗하고 아름다운 살인을 하고 있는 것이다
나를 괴롭혀온 거만하고 뚱뚱한 녀석을 매일 죽이는 것처럼
누군가 이 슬픈 고양이를 위해 기도를 해주렴

고양이를 뜨거운 물에 삶으면 향긋한 치즈가 될 수 있을까
고양이는 달콤한 치즈를 먹을 수 있을까

치즈를 먹은 아이들은 갈색의 털이 자라고 날카로운 발톱이 나오고
우울한 눈알이 박혀 갈색의 고양이가 되어갔다
고양이는 배고프고 키 작은 나의 엄마일까, 엄마의 흉터투성이 주름진 목이었을까
우울한 먼지 같은 고양이들아, 나의 사랑스런 엄마를 위해 기도를 해주렴
너의 심장을 뚫는 날카로운 목소리로

어두운 자동차 바퀴 옆 차가운 시멘트 바닥 위로 몸을 밀어 넣는 어두운 그림자
헐떡헐떡 숨을 쉬며 떨어지는 붉은 꽃잎들
환한 빛 속으로 사라지다

성실한 신들만이 고양이에게 먹이를 주고 갔다

불타는 토마토 이야기

붉은 피부를 가진 토마토가 불타는 태양 같았다
토마토를 따는 손들이 모두 녹아내렸다
눈이 내리는 차가운 겨울날 따뜻한 토마토를 껴안고 잠이 들었다
깊은 동굴로 이어진 내 머리 속에서 나온 토끼들이 달콤한 토마토를 훔쳐갔다
토끼들은 얼굴이 더 예뻐지기 위해 토마토를 한 움큼씩 먹었다
아름답게 변한 토끼들은 피곤해서 잠이든 엄마를 자꾸 깨웠다
주름진 엄마 토마토를 먹으세요 그러면 얼굴이 해바라기처럼 아름다워질 거예요
그 대신 엄마의 단단한 심장을 저에게 주세요 엄만 심장 없이도 살 수 있잖아요

토마토와 엄마는 친구일까
아니면 토마토는 엄마가 마술을 부려 변한 아름다운 과일일까

술에 취한 아빠와 싸운 토마토는 집을 나갔다 한 달째 집에 돌아오지 않고 있다
우리 집에는 태양이 떠오르지 않았다 어둡고 서늘했으며
절망들이 마룻바닥 위에 불안한 먼지처럼 떨어져있었다
아무도 그 두려운 절망을 쓸어내지 않았다
가끔 누나의 숨죽인 울음소리
이불 속에서 들렸다

어느 날 엄마와 나는 토마토를 따러 농장에 갔다

태양을 움켜쥔 엄마의 손은 녹아내리지 않았다

광주리에 가득 채워진 토마토를 먹는 방법을 엄마는 나에게 가르쳤다

너의 심장 속에 붉은 토마토를 넣으렴

불타는 수많은 심장이 너의 허약한 영혼을 단단하게 할 거야

집을 나간 토마토가 차가운 공기 흐르는 새벽녘에 돌아왔다

눈물을 흘렸는지 토마토의 눈가가 붉어져 있었다

나의 손은 길게 자라 나무가 되고 몸은 따뜻한 숲이 된다 토마토를 따뜻하게 껴안는,

토마토가 기다란 도마 위에서 아름다운 춤을 춘다

엄마와 나를 지키는, 농장에 자란 수많은 토마토들이 햇살처럼

어두운 집 창문을 두드리며 붉게 스며든다

따뜻한 별

 너내 그거 아니 난 다른 별에서 왔어 카시오페아자리 세 번째 별에서 왔지 이 별은 죽은 사람들의 영혼으로 만들어진 별이야 너희 별에서 사람이 죽으면 영혼이 이 별로 온단다 아름답고 빛보다 빠른 운석을 타고 왔지 우리 별에는 거대한 폭포가 있고 공룡들이 살아 폭포 옆에는 짙은 꽃향기 나는 백합 꽃밭이 아름답게 펼쳐져 있어 꽃 속에는 팅커벨이라는 아주 자그만 요정이 살지 나에게는 죽어가는 생명을 살리는 아주 강력한 힘이 있어 시들어버린 꽃을 만지면 꽃이 짙은 향기를 뿜으며 다시 아름답게 피어나고 가느다란 줄기를 쓰다듬으면 노란 열매가 맺히지 너희 별에 죽음에 너무 기울어진 가여운 영혼들의 차가운 손을 따뜻하게 할 거야

 이런 나에게도 어느 누구에게도 말할 수 없는 상처가 있어 지구의 따뜻한 햇살과 깨끗한 물을 마시면 상처가 나아진대 팅커벨 요정이 말해줬어 그리고 난 너희 별 태평양 깊은 해저 속에 사는 인어 공주를 만나러 왔어 난 어릴 적부터 인어공주를 사랑했거든 이번에 어떻게든 인어공주의 마음을 얻어갈 거야 아, 참 내가 지구에 올 때 우리 별의 성물인 마술 나무를 가져 왔거든 이 마술 나무를 사하라 사막에 심을 거야 그러면 사막이 깊고 신선한 공기가 흐르는 아름다운 숲으로 될 거야 나무 아래 짙은 그늘이 만들어지면 너희들의 지친 영혼을 그늘 속에 잠시 쉬게 하렴

 어쨌든 우리 별과 너희들의 지구가 좀 더 가까워 졌으면 해 서로가 서로에게

따뜻한 손이 되어주는 이 거대하고 차가운 우주 속에서 서로의 불안한 눈빛이 하나가 되어 또 다른 태양으로 다시 태어나길

가그린 법칙

내 입 속에서는 꽃향기가 난다 꽃이 피어 있기 때문이다
오늘도 능금 같은 태양을 씹으며 너에게 불멸의 사랑을 정열적으로 보내지
내가 사는 세상은 수백 개의 태양이 떠 있지 조금 따먹어도 괜찮지
거대한 구름 전령사들 때문에 하나도 안 뜨겁지
이건 비밀인데 입속 태양의 향기는 모과 향이지
당신에게 죽음이란 말을 하기 전에 가그린을 하면 사막 같았던
내 혓바닥이 싱그러운 모과 나뭇잎으로 되지 죽음이 정말 죽음이 되기 전에
부드럽고 투명한 공기 중에서 별빛으로 부서지지
무표정하게 구겨진 골목 끝에서 기린을 태운 섬 하나가 좌우로 흔들리며
장미 가시 같은 잠들을 몽롱한 웃음처럼 우리들에게 흘려보내지
콕콕 찌르는 가시들 때문에 잠 속에서 눈을 뜨고 자꾸 깨어나지
의미 없는 웃음들이 따뜻한 눈물 되어 흘러나오지
푸른 가그린 병 속에서 꽃향기 나는 뜨거운 눈물이 자라나지
기린의 몸에 난 무늬들은 우리들의 가장 아팠던 슬픈 기억이지
가그린의 푸른 액체들을 보면 기린의 슬픈 눈동자 속에 고인 푸른 눈물이 생각나지
사람들은 하얀 마스크를 하고 서로를 외면하지
아픔이 사방으로 튀어나가는 것을 막거나 자신의 슬픔을 감추고 싶었겠지
침묵하는 슬픔까지 서로를 껴안을 수는 없는 걸까
사람들은 절뚝거리는 사생아 같은 하루를, 숨 쉬지 못해

석고처럼 굳어가는 목숨들을 입안에 꼭꼭 숨기지
　초췌한 사람들의 입 냄새 속에 그들의 두려운 슬픔이 스멀스멀 온몸을 감싸지
　입 냄새가 다른 것처럼 우리들의 몸을 통과하는 슬픔들은 너무나 다이내믹하지
　날개 젖은 나비들은 그래도 날으려고만 하지 알고 보면 우리들 모두가 날개 젖은 고아야
　가그린이 비처럼 하늘 속에서 쏟아지면 나는 우산을 쓰지 않지
　입을 벌리고 죽은 혓바닥을 내밀고 모과 향 같은 가그린을 오랫동안 음미하지
　내 입에서 폭포처럼 나오는 말들은 항상 아름답고 긍정적이지
　입 속에서 모과 꽃이 피어나고 있었지
　내 여인에게 사랑한다는 말을 하기 전에 가그린 한 번하고
　아슬아슬한 말들은 가그린의 향기를 투명한 외투처럼 걸치고 그녀의 코 속으로 꽃달팽이가 되어 오래도록 꿈틀거린다
　뭉실뭉실 입 속에서 나온 구름들이 그녀의 목을 감은 베이지색 목도리가 되지
　여전히 내 입 속에선 꽃향기가 나고 사랑하는 여인은 우울히 구겨진 눈물 흘리며
　출렁거리는 가그린 액체 속으로 오늘도 첨벙첨벙 뛰어들지
　내 주머니 속에는 사랑하는 여인이 있고 거대하고 푸른 바다가 있지
　바다가 잃어버린 꿈들을 꼬옥 껴안고 있었지

코카콜라 향기 나는 하루

　코카콜라 자판기에 우리들의 희망 같은 동전 하나 넣어 우리들의 삶처럼 세상 밖으로 툭 튀어나온 버튼을 누르면 목이 말라 등뼈가 굳은 우리들의 하루에 빨간 코카콜라 컵 하나 떨어진다. 떨어진 컵은 하얗게 도배된 허전함 위에서 하루 종일 자리를 옮기며 지우개로 밀어도 지워지지 않을 꿈같은 길을 만들어야 했던 내 작은 수성 펜보다 작게 보인다. 몇 개의 물줄기가 컵 속의 하얀 바닥을 깊게 하려는 듯 세차게 쏟아질 때면 깊지 않아 흔들거렸던 우리들의 하루가 깊이 있어 보였다. 자판기보다 작은 여자가 조급함 때문에 쉽게 채워지지 않는 하루의 삶을 자꾸 들여다본다. 잘 맞지 않는 하이힐 위에서 곡예사같이 연신 허리를 굽혔다 펴며 컵이 있는 공간 출렁거리는 코카콜라 속으로 출렁거리는 머리카락을 갖다 댔다. 그 뒤로 늘어날 대로 늘어난 시간의 공간 사이 담배 연기 끝에 젖은 목젖까지 함께 날려 보내던 청년들과 석고보드로 채워진 천정을 바라보며 저 천정 위에도 하늘이 있을까 없을까 고민하던 한 소년이 코카콜라를 가끔 쏟아버리기는 했지만 컵 속에 담겨 나오는 코카콜라는 항상 눈이 부셨다. 9월의 상수리나무 잎을 흔드는 희망처럼 향기로웠다. 검붉은 모습을 한 저것들은 어째서 이렇게 향기로울 수 있을까. 컵 속으로 쏟아지는 코카콜라는 컵 밖으로 넘치는 법이 없다. 부족해서 가득 채우려는 적분공식 같은 우리들의 삶은 항상 넘치거나 부족해서 비틀거린다. 넘치지 않는 코카콜라 향기는 아름답다. 컵 속에서 기포들이 떠올라 표면 위에 둥글게 맺혔다 터진다. 터지는 기포들의 작은 자리에서 코카콜라 향기가 짙게 드리웠다. 그것들이 내 몸 속으로 들어갈 때마다 희망처럼 튀어 올라 둥글게 맺히려는 기포들 터지는 소리가 조금씩 크게 들린다. 사람들 몸에서 코카콜라 향기가 났다.

4부
첫사랑 앵무새가 마침내 나에게 말을 걸다

귓속에 웅크린 새 혹은 중이염*

난 유리처럼 반짝이는 사람들의 이야기를 들을 수 없다
내 귓속에는 슬픔이나 고통들이 가득차 있기 때문이다
막 노동일을 하시려고 밖으로 나가신 아버지는 나의 어두운 귓속으로
돌아오지 않으셨다 아픈 모습을 보이기 싫으셨나요
가장 아팠던 그해 겨울은 거칠게 내리는 눈들의 소리와 바람의 소리를
오히려 잘 들을 수 있었다 캄캄한 내 귓속에서 어린 조카가 숙제를 하고
어머니는 차가운 귀를 감쌀 귀마개를 만드신다
하루 종일 사람들에게 밟혀 힘없던 그림자는 롤빵처럼 몸을 말고
서둘러 귓속으로 들어가 잠을 잤다
배고픈 어린 조카는 몰래 그림자를 뜯어먹기도 했다
가끔 빛으로 채워진 붕어들이 어항 같은 귓속을 찾아와 웅크린 슬픔을 뜯어먹고
빛 속으로 사라졌다
눈이 내리면 곰들이 내 귓속으로 들어와 향긋한 아픔의 냄새를 맡으며 겨울잠을 잤다
난 귓속이 가려워 젖어 있는 슬픔을 꺼내 잠시 햇살에 말리기도 하고
혹은 고여 있는 슬픔이나 고통들이 죽어 있나 툭툭 건드렸다
나는 오직 내 캄캄한 영혼 속에서 누추한 나와 대화하며
잃어버린 기억들과 차가운 심장에 대해 이야기했다
슬픔이나 고통의 냄새는 이렇게 비의 냄새처럼 중독성이 강했던가

---

* 중이염: 중이염이란 귀의 고막안의 공간을 중이(중간귀)라고 하고 이곳이 감염되어 염증을 일으키는 것.

나는 이 냄새를 사랑하기로 했다

왼쪽 귀가 완전히 안 들릴 때쯤 죽은 귀를 따뜻한 바위에 대어
나는 다시 이 고여 있는 슬픔이나 고통들을 조심스럽게 꺼내려고 한다
죽거나 썩은 모든 추억이나 슬픔 때문에 숨이 막힐 지도 모르니까
뜨거운 햇살에 다치지 않게 슬픔들을 살며시 꺼낸다
민들레 잎사귀에 조심스럽게 올려놓는다 나비가 날아와 슬픔에게
사랑한다 사랑한다 젖은 울음을 흘려보내고 있다
혹은 따뜻한 조약돌을 귀에 대고 조약돌과 조약돌을 탁탁 부딪친다
조약돌의 아름다운 선율과 움직임이 슬픔에게 흘러 들어간다
이제 슬픔은 단단한 조약돌이 되어가고 있다

나는 아픈 나를 천천히 그리고 영원히 사랑할 것이다
슬픔의 냄새에 코를 대고 킁킁거리며 당신의 누추한 귓속을 간절히
방문하겠습니다 슬픔이나 고통은 아픈 것이 아니라고,
걸을 수 있게 지팡이가 되어주는 것처럼
귓속에 웅크렸던 새가 푸드덕 날개를 치며 하늘 위로 날아갔다

빛 속에서, 벙어리 피터팬

우리 동네에는 듣지도 못하고 말하지도 못하는 피터팬이 있어
그 벙어리 아저씨는 차가운 공기가 내려앉은 새벽, 바람에 날리는 잎사귀를 타고
누군가 무심히 흘린 슬픈 영혼들을 주머니 속에 주워 담지
그래서 벙어리 피터팬의 주머니는 항상 따뜻해
주머니가 가득차면 마을 중앙에 있는 바오밥나무 구멍에다 영혼들을 차곡차곡 넣어두지
비가 내리는 날이면 바오밥나무 뿌리는 비에 젖은 차가운 영혼들을 빨아들이고
나무는 잎사귀가 무성해지고 아름다운 열매가 빗방울처럼 매달려

어두운 거리 굶주린 길고양이들이 차가운 공기에 눌려 쓰러지고
갈색 눈빛만이 어둠 속에서 반짝인다
길고양이에게 아름다운 달빛을 양푼에 담아 먹이를 주던 성실한 신들이
다른 행성으로 휴가를 떠나면 벙어리 피터팬은 매일 밤마다 떨어진 꽃잎을
고양이에게 먹였다 벙어리 피터팬이 길고양이의 갈색 털을 쓰다듬는다
반딧불이 모여들어 길고양이의 차가운 발을 따뜻하게 하고
벙어리 피터팬의 눈동자 속으로 들어가 따뜻한 눈물이 된다

피터팬의 영혼이 지치면 꽃술 속으로 들어가 잠이 들었다
팅커벨 요정들이 이불처럼 꽃가루를 피터팬의 몸에 뿌려준다

차가운 겨울 날 내리는 가벼운 눈에 부딪쳐 사람들의 온몸은 푸른 멍이 들었다
떨어진 영혼의 조각들은 눈 속에 숨어 떨고 있었다
영혼들이 눈 속에서 추울까 봐 피터팬은 자신의 몸속에 있는
심장들을 떼 내어 따뜻한 등불처럼 떨고 있는 영혼 옆에 나두었다
벙어리 피터팬의 눈동자는 빛 속에서 무한히 깊어진다
따뜻한 눈물은 매서운 눈을 녹이고 영혼들 주위를 흐른다
피터팬은 간혹 바람으로 변해서 슬픈 영혼들을 태워 구름 위에서 쉬게 하거나
빗방울이 되어 누군가의 꿈속으로 스며들어 마른 영혼들을 촉촉이 적신다

쏟아지는 햇살들이 붉은 꽃잎이 되어 벙어리 피터팬의 얼굴에 떨어진다
벙어리 피터팬은 불타오르는 태양이다

빛이 떨어지는 소리

구급차의 사이렌 소리가 들렸다
골목 아파트에서 꾸벅거리는 졸음으로 손녀의 목도리를 만드시던 할머니는
창문을 쾅 닫고 다시 기다란 졸음을 뜨개질한다 부주의한 소년은
베란다의 화분을 떨어뜨렸다 소년의 손가락 하나가 잘려나간다
놀라서 거리로 뛰쳐나온 시궁쥐들이 구급차에 깔려 죽었다
밤마다 살아서 내 머리맡에 앉으신 할머니에게 던진
알 수 없는 질문들처럼
검은 안개가 끼고 구슬프게 비가 내리고 있다
지나가는 연인들 남자는 울고 여자는 키득거리며 웃고 있다
이 골목을 지날 때마다 여자는 뚱뚱해지고 남자는 야위어져 갔다
이곳을 지나는 연인들은 거의 대부분 헤어지거나 서로를 기억하지 못했다
건물 벽에 숨어있던 죽어가는 그림자들이 살려고 구급차 속으로 뛰어들었다
허름한 건물 속에서 아이들이 킁킁거리며 본드를 흡입하기도 했다
아이들은 가난한 음악가처럼 누군가의 비명 같은 노래를 부르며
비 오는 거리에 눈물을 떨어뜨리고 있다
본드를 마셔 배가 불러온 아이들은 둥그렇게 앉아
잃어버린 차가운 꿈들을 장작불에 태우거나 구덩이 속에 파묻었다
여러 대의 구급차가 이 골목을 지나갔지만 아무도 아이들을 태워가지 않았다
이미 죽어있는 그림자들이 구급차의 바퀴를 질퍽이는 어둠 속으로 끌어당
겼다

구급차의 사이렌소리는 아름답고 우울했다
매섭게 내리는 비가 사이렌소리에 잘려나갔다

다시 돌아오지 못 할 것 같아도 난 어두운 잠속으로 오랫동안 사라지고 싶다
미로 같은 잠속, 다 닫혀 지지 않은 문 사이로 들어오는 우울한 햇살들

사과를 깎으며

　사과를 깎으면 눈물이 났다
　어머니는 화롯불 옆에서 마르지 않는 투명한 눈물을 깎다가 손을 베인다 차가운 침묵이 입속에서 말랑말랑해질 때까지 죽은 새들은 연탄구멍 속으로 알콜에 취한 아버지의 절망을 실어 날랐다 연탄구멍 속에서 따뜻하게 데워진 노래가 흘러나왔다 어린 아이들은 목이 말라 입을 벌리고 추운 겨울날 허공 속을 날아다니는 오리털 같은 따뜻한 노래를 머리끝까지 덮었다 나는 한 번도 만난 적 없는 죽음 앞에서 흐느꼈다 내 책가방 속에 얼어붙은 무 같은 엄마를 구겨넣고 학교로 마른 나뭇잎처럼 날아갔다 그해 겨울은 앙상한 맨발이었지만 털양말처럼 따뜻했고 안전했다

　내 슬픈 추억들은 몸속에 그림자처럼 달라붙는 듯 무덤처럼 미끌미끌 했지만 슬픔의 무게로 아직도 마음 속 바람 연은 허공 속에서 나부끼고 있다

　내 위험한 영혼 속에서 흉터 가득한 사과나무가 어느 요절한 천재 작곡가의 악보처럼 부풀어올랐다 그 쓸쓸한 음표들이 날개 달린 사과 같고 외로운 사내의 꿈틀거리는 심장 같네 내 한쪽으로 기울어진 기억들을 마침내 본 어머니는 우울하고 위독했다 난 그 차가운 기억들을 떠올리며 쓸쓸하고 따뜻한 노래를 만들고 귀가 어두운 어머니에게 들려주네 어머니는 들을 순 없지만 오늘도 사과를 깎으며 눈물을 흘리시네요 눈물을 흘리시며 따뜻한 노래 중얼거리시네요
　나의 입속에서 은밀한 사과들이 쏟아져 그리운 안개처럼 세상 속으로 상큼하

게 뛰어드네요

    다시 사과를 깎으며
    빛 속에서 얼어붙은 노래들은 녹아내리네요
    따뜻한 눈물처럼.

부다페스트의 낭만

부다페스트의 하늘은 잿빛 구름들이 덮여 있다
하늘에는 새들이 날지 않는다 우울한 낭만이 있을 뿐이다
비좁은 거리에는 어두운 창문을 두드리는 절름발이 바람이 쓰러져 울고 있다
길가에는 은행나무들이 가지를 뻗어 마른 죽음처럼 서로를 단단하게 껴안고 있다
은행나무는 낙엽을 떨어뜨리지 않는다
잎사귀는 온몸을 불태워 태양 속으로 사라진다
길거리로 우울한 빗방울이 떨어지고 있다 빨간 우산을 쓴 여인이 빨간 하이힐을 신고
서둘러 빨간 지붕을 한 안개의 집 속으로 사라진다
멀리서 보면 지붕의 모습은 상큼한 딸기 같았다
그래서 간혹 부다페스트의 우울한 거리에도 상큼한 딸기 냄새가 나거나
빗물에 섞여 잠 든 사람들의 영혼 속으로 붉은 강처럼 흐르고 있을지도
우울하거나 까닭 없이 설레는 날이면 아무 관계도 없는 카페의 여종업원과도
죽을 만큼 사랑에 빠지고 싶다
붉은 비가 술 취한 노숙자처럼 비틀거리며 내린다
허약한 부다페스트의 괭이 갈매기가 쓰레기통에 하얀 목숨을 떨어뜨리는 날이면
거리는 버림받은 신생아의 울음소리 빗물처럼 가득 찬다
오래된 종탑 위에서 매부리코에 우울한 토끼눈을 가진 노파가

흘러가는 시계를 자꾸 거꾸로 돌린다

자신의 심장 속에 마지막으로 타들어가는

얼마 남지 않는 삶의 불빛들을 꾹꾹 눌러 놓는다 지워지지 않는 얼룩이다

노파는 시궁쥐가 되어 서둘러 문틈으로 사라진다

창밖의 꿈들이 어둠속에서 구슬프게 흔들리고 있다

거칠게 벗겨진 나무껍질 같았던 노파는 누군가의 꿈을 껴안으며,

푸른 나뭇잎 위에서 뒤척이는 투명한 햇살로 다시 태어날 수 있으리라

밤이 되면 에메랄드빛 도나우드 강에서 늙은 노파의 우울한 휘파람 소리가

들려온다는 전설이 길거리를 떠돌고 있다

나는 푸른곰팡이 핀 오랜 잠속에서 툭툭 털며 나와 기침을 하며 커튼을 거둔다

며칠 만에 비가 그치고 햇살이 사방에서 침실로 쏟아져 들어오고 있다

부다페스트에는 따뜻한 눈물을 가진 엄마가 없었다

에메랄드빛 강 속 오랜 잠속으로 사라지셨다

사랑하는 여인도 없었다 우울한 낭만만이 있었다 쏟아지는 비의 냄새였다

부다페스트에는 에메랄드빛 강과 빨간 지붕들이 있고 빨간 하이힐을 신은 여인들이 있지만

여전히 부다페스트의 하늘엔 새가 날지 않는다

안데스 산맥의 전설

안데스의 아이들과 양떼들이 죽은 바람이 사는 곳 바람의 심장으로 가고 있다
아픈 영혼들은 나뭇잎을 타고 가야한다
아이들은 가장 높은 곳에 올라가 바람의 방향과 냄새를 맡는다
아이들의 눈빛은 자작나무 숲속 잎사귀처럼 푸르고 깊었다
바람의 냄새에는 이곳을 지나쳐 가다 너무 무거워 버린 슬픔이 녹아있었다
거친 산맥을 지나야 하니 영혼은 무거운 육체를 버리고
가벼운 영혼만이 바람 곁으로 사라졌다
사나운 독수리들이 돌 틈 사이에 낀 누군가의 붉은 몸뚱어리를 쪼아 먹고 있다
바람의 냄새에 훼방을 놓는 것은 저 얄미운 독수리들이다
아이들은 무릎을 꿇고 태양의 신에게 이 여정이 순탄하기를 기도한다
안데스 산맥에 차가운 안개가 밀려왔다
이곳의 안개는 가장 아팠던 기억을 감춘다
그리고 가장 아팠던 기억을 만들어낸다
안개들은 양 한 마리 한 마리씩 보이지 않는 절벽으로 밀어 떨어뜨렸다
안개가 조금 걷히기 시작하니 절반이 안개였고 절반이 양이었다
아이들의 눈빛은 슬프거나 흔들리지 않았다
강을 지나 산맥을 넘으니 야생화 군락이 보였다
죽은 자들의 영혼이 이곳으로 와서 야생화가 된다
어두운 저녁 파란 불빛들이 이곳으로 떨어졌고
그곳에서 야생화 한 송이 피어났다

그렇지만 신기한 일은 안데스 산맥에만 산다는 푸른 갈퀴를 가진 늑대들은
야생화만 먹는다고 한다
야생화 속에 숨어 있는 영혼들을 물고 사라지는 늑대들
죽은 자의 영혼을 먹어야 늑대의 푸른 갈퀴가 풍성해지고
발톱이 날카로워지며 심장이 뛴다고 한다

안데스의 아이들은 이 야생화 군락을 지나칠 때마다 너무 슬퍼 눈물을 흘리네 죽어서도 죽은 자가 될 수 없는 가녀린 영혼들을 위해 한줌의 눈물을 떨어뜨리네 아이들이 흘린 눈물은 다시 고원의 거대한 강으로 스며들어 수백만 년 동안 마르지 않는 빙하가 되네 아이들은 다시 양떼들과 강을 따라 걸을 것이다 변하지 않는 물의 흐름과 깊은 침묵 같은 강물의 냄새를 맡으며
  강이 가리키는 곳으로.

상어

용감한 바람이 저 벚꽃나무와 벚꽃나무 사이를 서핑하며 통과한다
꽃잎 속에서 기다란 손이 내 몸을 낚아채어 어둠 속으로 끌어당긴다

상어야, 내 단단한 어둠을 먹을 수 있겠니
당신의 날카로운 눈알을 꺼내 내 버려진 눈에 심을 수 있겠니

항상 사랑에 배고픈 한 여자를 사랑했다
해가 뜨면 매일 그녀의 아름다운 실험실로 찾아간다
자욱한 연기 사이로 참치 눈알 같은 그녀의 눈동자가 반짝거린다
그녀의 빨간색 하이힐에는 거대한 날개가 달려있다
마음만 먹으면 그녀는 구름이 될 수 있고 태양이 될 수도 있다
그녀는 누군가의 허약한 영혼을 훔친 유령이다 그녀의 영혼은 여전히 날카롭다
나는 매일 그녀와 같은 음식을 먹고 같은 책을 읽으며 같은 음악을 듣고
같은 옷을 입으며 같은 꿈속에서 죽어간다

상어야, 내 대신 죽을 수도 있겠니

그녀는 나에게 용감한 상어 인형을 선물 한다 겁이 많은 나는 인형을
내 불안한 심장에 꽂고 누군가 무심히 버린 따뜻한 눈물을 먹는다
나를 비난하는 너희들을 죽을 때까지 사랑해야지

서랍 속에 상어 인형을 감춘다
달그락 달그락 12시가 되면 서랍 속에서 상어 한 마리가 나와
몰래 내 허약한 꿈을 뜯어 먹고 있다

상어야, 나를 죽일 수도 있겠니

사랑을 장독대에 담고

오후의 햇살 속에서 다듬다듬 다듬거리는
다듬이 소리 들릴 때
그 다듬이 소리가 슬픈 눈꺼풀을 들어 올릴 때
오지 않을 것 같던 사랑이 오고
아낙네가 흘린 씨앗에서도 꽃이 피어났다

사랑을 담아두는 건 쉬운 일이지만
장독대의 푹 익은 고추장이나 된장처럼
매콤하거나 구수하게
익히기는 어려워

가끔 가슴 졸이며 내 마음의 장독대를 열고
새끼손가락 푹 찍어 맛을 보지만
비 온 뒤 내 사랑은 쓰다
햇살이 뼈마디를 부러뜨리면 뚝뚝뚝 비가 내린다
내 마음의 장독대에도 깊숙이 비가 내린다
어머니는 급히 뒷뜰에 열어진 장독대를 닫고
큼직한 널빤지와 돌을 얹혀 놓는다
난 장독대를 닫는 일을 자주 잊어버렸다
무엇보다 널빤지와 돌이 나에겐 너무 버거웠다

장독대는 바람이 잘 드는 곳에 두고
햇볕이 잘 드는 곳에 두고
새벽에는 장독대를 열어 신선한 공기를 맞게 하고
비는 절대 맞게 하지 말라시던 어머니의 네 가지
비법을 내 졸음은 스쳐가는 인연처럼
잊게 했다

며칠간은 비만 퍼부었다
저 하늘에서 내리는 비가 지독히도 싫었다
작은 두 손을 하늘 위로 펼쳐 내리는 비를 막아본다
가슴에 대고 내 마음의 장독대를 가려도 본다
비가 그쳤을 무렵 장독대를 열었을 때
가지 않을 것 같던 내 사랑이
가버렸구나

사과와 다시 빌헬름텔에 대하여

허름한 부엌 구석에 냉장고 하나 물구나무 선채로 놓여있다
그 냉장고로 가기 위해 나 또한 물구나무 선채로 다가간다
냉장고에서 덩굴들이 뻗어 나와 어두운 집들을 휘감는다
번데기가 된 집 속에서 새벽이면 사람들은 나비로 변해 빛 속을 날아다녔다

냉장고 안에서 비가 내리는 소리가 들렸다
난 습관처럼 우산을 펼친다
냉장고는 다른 세계로 통하는 통로이다
가끔 중세시대의 말을 탄 기사들이 나와서 내 머릿속 아름다운 꿈들을
짓이겼다 유성 하나가 달려가는 길고양이 꽁무니를 태운다
그런 날이면 내 방은 풀잎 하나 피어나지 못하고 낙엽만 쌓여 불탔다

불면증을 가진 엄마는 가끔 냉장고 안에서 잠들었다
그리고 폰으로 나에게 자정은 넘지 말고 자라고 말하는 것을 잊지 않았다
적당히 낮은 온도가 사그라지는 엄마의 영혼을 신선하게 했다
엄마의 눈물은 그래서 언제나 차갑다

난 매일 아침마다 신선한 사과 하나를 먹는다
냉장고 안에 사과가 있기를 세 번의 기도를 하고 세 번의 기침을 한다
빛 속에서 화살 하나 날아와 냉장고를 뚫고 사과에 박힌다

다른 세계에서 온 그의 이름은 빌헬름텔이다
나를 죽이려 했지만 다행이도 난 빛으로 채워진 세상 속에서 단단히 살아가고 있다
나는 그와 그의 추종자를 돌려보내기 위해 사과를 먹는다
사과를 매일 냉장고에 넣어 두고 빌헬름텔에게 매일 사과한다
빌헬름텔은 무의식 속에서 살아가는 또 다른 나다
그들이 원하는 건 빛 속에서 온 빨간 사과 하나였으므로,

다시 어둠 속에서 냉장고를 부수기 시작했다
다른 세계에서 살고 싶다
죽음에 기울어진 차가운 영혼이 얼음처럼 부서져야
그곳이 다른 세계일까
다시 냉장고 안 얼음을 어그적 어그적 씹으며 잠이 든다

검은 울음

폐타이어들이 창고 구석에 잠들어 있다
뱀이 또아리를 틀어 동면 하듯이 잠은 깊고 투명했다
어둠속에서 불빛을 찾아 헤매던 사내들이 죽어 폐타이어로 변했다
폐타이어에서 사내들이 울음소리 들린다
폐타이어는 심장이 없었다 죽어가던 사내들은 심장을 꺼내
빗방울을 털고 있는 나비의 날개 속에 감추었다
고무 가죽만이 차가운 영혼을 감싸고 떨어지는 꽃잎 주위에 서성거렸다
비가 내리면 창문 틈으로 떨어지는 빗방울이 타이어의 몸에 고였다
비를 맞고 있는 노숙인 같았다 붉은 눈물이 되어 흐른다
폐타이어의 몸에서 눈먼 소년의 피리소리가 흘러나왔다
피리소리 어둠 속에서 박쥐들을 깨우고 한 무리의 박쥐들이
영혼이 가난한 소년의 눈동자를 파먹었다
쓸쓸한 눈동자에서 고무 타는 냄새가 검은 울음 되어 새어 나온다
난 이상한 사람처럼 폐타이어를 몸에 걸치고 골목을 유령처럼 돌아다녔다
지쳐서 쓰러지면 낙엽이 되기도 했다 죽음 가까이에 있을 때 낙엽이 제일 편안했다
나는 이렇게 어둠 속에서 홀로 침전하며 쓸쓸히 사라지고 싶지 않아
폐타이어에서 흘러나오는 썩은 죽음의 냄새가 지독히도 역겹다

눈을 잃은 소년은 타이어를 하나씩 꺼내 지붕 위에서 굴렸다

깊고 단단한 근육을 가진 타이어들이 아스팔트 위를 굴러다닌다
쓸쓸한 바람처럼 죽은 사람의 몸 위로 지나갔다
그 타이어 자국이 슬픈 흉터처럼 눈이 부셨다
마침내 타이어들은 우주 속 투명한 풀벌레들이 살고 있는 행성으로 향했다

폐타이어들이 사라진 창고 구석에 알몸의 노인이 동전처럼
몸을 잔뜩 웅크려 잠을 자고 있다 꿈속에서 깨어나 가끔 울음을 터트린다
나는 잠들지 않는 영원한 삶을 믿는다
울음은 끝없이 바람과 함께 떠 돈다

내 영혼 속에 앉은 나비

기차를 타고 아무도 가본 적 없는 숲속으로 갑니다
그곳은 차가운 밤만 있는 곳이죠
빛들은 모두 불타버린 나무의 뿌리 속으로 숨었죠
기차 뒤로 수많은 나비들이 쫓아옵니다 창문 사이로 들어온
나비 한 마리가 내 눈동자에 고인 슬픔을 물고 사라졌죠
그거 아시나요 나는 전생에 나비였어요 아마도 다음 생에도 나비일 거예요
내가 낳은 아기도 나비였어요
난 어두운 밤이 되면 아름다운 나비로 변해 아픈 아이들에게
나의 심장을 나누어 주죠 그래서 난 다른 사람들보다 더 빨리 늙어요
난 흐느끼며 울고 있어요 태어날 때부터 아픈 사람이었거든요
엄마의 아늑한 자궁 같은 번데기에서 얼마나 많은 희망과 행복을
생각했을까요 나는 날개 하나가 부러져 나의 비행은 항상 위태롭습니다
바로 앞좌석에 앉은 중절모를 눌러 쓴 곱슬머리 노신사가 바이올린을 연주하고
땅콩과 오징어를 팔던 어린 소년은 안개꽃이 피어있는 아름다운 화분을
나누어 줍니다 나는 아름다운 음악을 들으며 잠이 듭니다
사람들이 모두 잠이 든 사이 나비들이 안개꽃에 앉아 사람들의
죽은 그림자를 물고 어둠 속으로 사라집니다
차창밖에는 여전히 비가 내리고 있어요
나비들은 날개가 젖어도 서글픈 울음을 참고 있어요
우리도 이 어둠을 참아내야죠 견고하고 아름답게

나를 기억해줘요 나는 당신들의 흘린 영혼이랍니다
당신들의 눈동자에 뛰어드는 빗소리랍니다
나는 죽을힘을 다해 가장 멀리 날아갈 겁니다
당신의 가벼운 날갯짓으로, 영원히

노을의 눈물

　노을 속으로 외눈박이 거인의 따뜻한 눈물이 떨어지고 있었다
　노을 속 기타를 치는 황금빛 수염을 가진 마법사들이 벌레 먹은 구름 위에
살고 있다 마법사의 모자 속으로 뜨거운 강이 흐르고 있었다
　난쟁이들은 뗏목을 타고 노을의 강으로 흘러들어 갔다
　난쟁이들은 깊은 잠을 자기 위해 간혹 햇살로 모습을 바꿨다
　옷을 다 벗은 아이들이 맨몸으로 노을 속으로 풍덩풍덩 뛰어 들었다
　크레파스를 들고 노을 속에서 신비스런 산동네와 불빛 가득한 해바라기 꽃밭
을 그렸다
　잠에서 깬 난쟁이들이 노을 속에서 몸을 씻고 허겁지겁 아득한 사과를 먹었다
　죽은 새들이 박제되어 앉은 우거진 숲
　간혹 박제된 새가 살아서 구름 속으로 사라지기도 했다
　노을은 거인의 붉은 혓바닥 같았다
　어린 사슴 한 마리 노을의 식탁 위에 자란 풀 무더기를 씹으며 아찔하게
구름과 구름 위를 뛰어다니고 있다
　사슴이 등허리에 누군가의 얼어붙은 고독이 메말라가고 있었다
　아버지의 캄캄한 몸 냄새 배어 있는 양말 속에 노을 한 조각 떼어 집어넣는다
　아버지는 쓸쓸한 얼굴로 눈을 감고 핏빛 노을을 건넌다
　더럽혀진 양말 속에 아버지의 슬픈 눈빛이 고여 있다
　노을 속에서 서글픈 울음소리가 들린다
　아버지는 우거진 숲 속 풀잎 위에서 파르르 고개 떨구는

새벽이슬의 하얀 목숨을 보진 못했을까
아버지는 언제나 아무 대답 없이 나뭇잎에 동그랗게 맺혀 있었다
툭툭 이슬이 누군가의 눈동자처럼, 암흑을 건너는 딱정벌레 등 위로 떨어진다
아버지는 호두알 같은 울음소리를 호주머니에 주어 담고
달그락 달그락 노을 속으로 걸어가며
아픈 노을이 된다 나는 어두운 잠에서 깨어난다
노을 속에서 아버지의 붉은 입술을 꺼낸다 아무 말 없이 가셨다
노을의 냄새에 취해 휘청거리는 입술 이 세상의 모든 추위들이 무섭다
창문을 열면 노을은 내 방 속으로 바람과 함께 주사기처럼 빨려 들어온다
나는 노을 속으로 깨끗한 빗물 같은 입김을 후하고 불어 넣는다
노을이 바게트 빵처럼 부풀어 오른다
노을은 온몸을 뜯으며 바닥 위에 또 다른 붉은 노을을 만들어낸다
노을은 거대한 여인처럼 지금 출산중이다

혈관 속을 날아다니는 새

　입안에 차가운 슬픔이 번지면 죽은 눈으로 깨진 유리조각을 밟으며 하얀 가운을 입은 그녀에게로 가고 싶다 따뜻한 피를 흘리며 가끔 졸린 눈으로 비명을 지르다가 그녀의 얼어붙은 혀 위에 날개를 내려놓고 붉은 눈물을 흘리며 잠이 든다 그녀의 떨고 있는 눈동자를 얼음 속에 가두고 싶어 그녀의 귓속으로 서늘한 그늘을 집어넣고 싶어 가끔 튀어나오는 내 울음을 피부 속에 영원히 숨기고 따뜻한 희망이 필요할 땐 서로 긁어주기도 하는 얼룩이 되지 불빛처럼 창문에 매달려 거친 숨을 쉬지
　그래서 그녀는 말없는 공작새, 말 못하는 밀랍 인형

　기다리는 동안 내내 그녀의 현란한 깃털의 몸짓을 보며 그녀가 준 땅콩사탕을 녹이고 주사바늘 같은 침묵 속에서 뜨거워지는 어둠을 창문 밖으로 밀어내고 있었다 차안의 소독약 냄새가 위태롭게 내려앉은 내 콧구멍 속으로 훅 들어왔다 나는 가끔 들려오는 직박구리의 소리를 주머니에 넣어 그녀에게로 찾아갔다 내 심장에 구멍을 내며 속으로 들어가 울고 있는 직박구리 소리를 꺼내 그녀의 귓속에 면봉처럼 꽂아 넣었다 귀가 가려운지 그녀는 녹슨 창문처럼 거칠게 흔들렸다

　나는 새가 되고 그림자 없는 나무가 되고 그녀 옆에 그냥 가만히 어린 강아지처럼 누워있었다 소독약 냄새나는 차안 그녀가 내 혈관의 피를 수거해가기 시작했다 내 슬픔이 다른 사람에게 전염될지도 모른다는 생각에 내가 가진 병명들을

모두 숨김없이 말했다 내 슬픔의 색깔이 이렇게 포도알처럼 붉었던가 나는 아무에게도 보이지 않는 회색 인간이라고 생각 했는데 오직 그녀를 사랑할 때만 살아있는 부드럽고 따뜻한 손바닥이라 생각했는데 그녀의 얼굴에 손바닥을 대면 내 심장의 피가 그녀의 혈관 속으로 흘러 들어갔는데
  차오른 붉은 슬픔이 기계 안에서 살짝 흔들리며 나에게 통증을 전하고 있었다

  내 피를 수거하는 일은 수리부엉이의 눈알을 훔쳐 먹는 거
  그래서 사람들은 어둠 속에서도 푸른빛의 위험한 짐승들을 알아볼 수 있다

  내 피는 걸어 다니며 날아다니며 날카로운 발톱을 떨어뜨리고 낯선 사람들의 우울한 눈빛을 죽이고 누군가의 유서 같은 마른, 공허한 휴일을, 휴일의 바람을 가둔다 떨면서 갈기갈기 찢는다 우울한 바람은 사랑한 그녀의 완강한 목을 꺾는다
  뚝 끊어지는 민들레 목숨처럼

  그녀는 이슬처럼 투명하기에 그녀의 영혼을 민들레의 떨고 있는 입술에 가둔다
  목도리처럼 그녀의 목을 휘감는 것은 나의 따뜻한 피다

  그녀를 사랑한다, 쓰고 싶다, 아무 관계도 없는 격렬한 얼굴들, 죽어가는,
  다시 나의 피는 누군가에게로 흘러가고 나의 새가 다시 누군가의 새가 되기도 하고.

빛나는 슬리퍼

슬리퍼는 상수리나무의 나뭇잎이다
난쟁이들이 슬리퍼를 신고 개미떼처럼 나무를 올라가고 있다
마지막 꼭대기에서 난쟁이들은 하나 둘씩 뛰어 내려 자살을 한다
나뭇잎들의 가벼운 웃음이 한꺼번에 우르르 떨어진다
알몸이 된 상수리나무의 심장이 뜨거운 햇살에 불탄다
난쟁이의 무덤에는 비석 대신 뜯겨진 슬리퍼가 하늘을 향해 꽂혀있다
슬리퍼가 바람에 굴러다니다 목이 꺾이고 눈물을 흘린다
죽음의 냄새가 새어 나온다

겨울날 엄마는 미친 아버지를 피해 창문을 넘어가다 미끄러진다
엄마의 찢어진 슬리퍼 한 짝이 눈 무덤 속에 박힌다 슬리퍼의 목이 흔들거린다
달이 행방불명 돼 세상이 어두워질 때 엄마는 슬리퍼로 몰래 몸을 바꾼다
동생과 나는 찢겨진 슬리퍼를 버찌사탕처럼 가슴에 품고 잠이 들었다
세상에 가장 고통스럽게 살다간 영혼들이 죽으면 슬리퍼가 된다
누군가의 더러운 발에 짓눌린 채 숨조차 쉬지 못한다

술에 취해 시멘트 바닥에 벗겨진 아빠의 찢어진 슬리퍼,
이홉짜리 소주병과 맞바꾼 우울한 달빛들,
새벽이면 온 동네를 미친 듯 슬리퍼만 신고 돌아다닌다 달빛을 모으러,
밤마다 죽은 난쟁이들이 아빠의 헤진 슬리퍼를 꼬메고 있다

아빠의 이상한 웃음이 먼지처럼 떨어진다

엄마는 죽은 난쟁이들을 우리들의 꿈속으로 보냈다
꿈속에서 죽은 난쟁이와 키스를 하면 꿈밖에서
내 귀가 커졌다
난쟁이들은 엄마가 주신 새 슬리퍼를 꿈속에 떨어뜨려주고 갔다
안개가 귓속으로 스며들면 슬리퍼는 새의 날개로 변했다
새의 날개로 이상한 하늘 속을 날아다니며 영원히 살아갈 순 없을까
새의 날개는 부러져 있었고 난 그것을 불태웠다
검은 재가 된 새의 날개를 주머니 속에 집어넣고 나는 머리를 자르며
행복해 했다 아빠가 흘린 달빛 때문에 따뜻했다

눈발처럼 이리저리 뒹굴고 있는 엄마의 발에 빨간 매니큐어를 칠하고
찢어진 슬리퍼를 신겼다 엄마의 영혼은 자꾸 슬리퍼를 벗고
깊은 잠속으로 뛰어 내린다 난 눈 내리는 골목 끝으로 달려갔다
골목 끝에 부러진 발가락들이 쌓여있었다
발가락이 엄마의 무덤가에서 꽃으로 피어나고 있다

붉은 풍선

　붉은 풍선* 속에서 마른 낙엽이 바스락거리는 소리가 들렸다 누군가 낙엽을 밟으며 걷는 소리였다 나는 붉은 풍선 속에 죽은 사람의 영혼이 있을 거라 생각했다 어둠이 무서운 날이면 풍선을 껴안고 잠을 자기도 했다 풍선은 햇살처럼 따뜻했다

　어릴 적 할머니는 고구마를 구우는 아궁이 옆에서 말씀하셨다 죽은 사람의 영혼이 한이 맺혀 하늘로 가지 못하면 붉은 풍선 속에 잠들어 이 세상을 떠돈다고······

　나는 조카에게 그 붉은 풍선을 주었다 풍선을 터트리면 세상의 태양은 사라지고 어둠이 몰려 올 거라고 풍선을 절대 터트리지 말라고 조카에게 단단히 일렀다 싸락눈이 내리던 겨울 아침 조카는 아이들과 풍선 날리기를 했다 조카의 붉은 풍선은 다른 아이들의 풍선보다 더 거대해지고 아주 멀리 날아갔다 조카는 되돌아오지 않는 붉은 풍선을 한참 동안 바라보다 풍선이 되어 구름 너머로 사라졌다 따뜻한 봄이 되면 사라진 조카는 호랑나비가 되어 마당 구석에 있는 꽃들 속에서 춤을 추었다

　가끔 눈알 없는 인형이 붉은 풍선을 입에 물고 햇살 속에서 날아다니기도 했다

---

* 붉은 풍선: '붉은 풍선' 은 드라마 제목입니다. 그 드라마 제목에서 힌트를 얻어 이 시를 쓰게 되었습니다.

나는 할머니의 말을 어기고 붉은 풍선을 터트리기로 했다 붉은 풍선 안에 있는 죽은 영혼이 너무 가여워서였다 영혼은 낙엽을 바스락 바스락 밟으며 바람에 날려 어딘가로 사라졌다 태양은 마침내 사라졌지만 풍선 속에서 나온 가여운 영혼들이 빛이 되었다

　어둠은 오지 않았고
　아이들은 매일 수백 개의 풍선을 지붕위에서 날렸다

　풍선 터지는 소리가 자꾸 나의 깊은 잠을 깨웠다

기린의 몸에서 흘러나온 노을

별자리가 새겨진 기린 한 마리가 노을 속으로 터벅터벅 걸어 들어간다
목이 마른 기린은 노을의 흘린 눈물을 먹었다
기린의 몸에서 아름다운 별자리들이 수없이 태어났다
나는 기린의 몸에 아름다운 별자리를 수없이 새겼다
기린은 가벼운 침묵 속에서 슬픔의 소리 흐르는 신비스런 우주이다
기린의 몸에서 아픈 노을이 흘러나온다
기린은 구름으로 만들어진 방울달린 모자를 썼다
모자 속에서 안개가 새어나왔고 기린은 안개가 되었다
아무것도 볼 수 없으니 아무것도 만질 수 없으니 오히려 마음이 편했다
그러나 가끔 나의 손이 너의 뜨거운 심장에 닿았으면 했다
우울한 사람들이 안개 속에 불온한 기도문을 던지고 갔다
외롭게 땅 밑을 기어 다니던 안개가 내 몸에 달라붙었다
안개들은 전신주 밑에 모여 은빛 안경테를 가진 돋보기안경이 되었다
나는 이 세상의 모든 꽃들에게 향기 나는 안경을 씌웠다
떨어지는 붉은 꽃잎과 푸른 향기는 우울한 당신의 가슴속에 안전하게 스며들었다
우울한 우리들의 가슴속에서 시들어버린 꽃의 향기가 햇살과 몸을 섞으며 그늘 속에서 짙게 드리웠다
거인들은 신비스런 꽃을 꺾어 노을 속으로 던졌다 노을은 꽃의 향기를 맡으며 잠이 들고 기린도 따뜻한 구름 속에서 잠이 든다

향기로운 꽃들이 노을에 녹아 빛이 되기도 했다
그러는 날이면 거인들이 난쟁이가 되거나 난쟁이들이 거인이 되는
이상한 일이 일어나기도 했다
뜨거운 별들이 가녀린 내 몸에 달라붙어 몸은 녹아내리며 빛 속으로 사라졌다
늙은 기린 한 마리가 어둡게 말라버린 노을을 끌고 빛이 없는 행성 속으로 사라졌다
안개가 텅 빈 나의 심장을 채웠다 멈춰있던 심장이 어둠 속에서 뛰기 시작했다
다시 안개가 걷히니 아름다운 노을이 보였다
노을 속에 누군가의 가벼운 영혼을 태운 나뭇잎이 떠다니기도 했다
저 멀리서 어린 기린 한 마리가 젖은 꽃잎으로 만들어진 노을을 끌고
이곳으로 오고 있었다

어린 기린은 안경을 썼고 향기로운 꽃들도 안경을 썼고 이 세상의 모든 우울과 빛도 안경을 썼고 우울한 우리들도 가끔 안경을 밟고 생生을 가볍게 지나갔으나 그 모든 안경들은 깊이를 알 수 없는 안개였다 안개의 영혼이 죽어서 피어난 안개꽃으로 노을이 만들어진다 노을이 안경 쓴 기린이 되고 기린의 몸에서 흘러나온 노을 속에 아름다운 별자리들이 둥둥 떠다닌다
기린이 뚜욱 안경 속에서 가볍게
떨
어

지

는

소

리

마침내 들린다

해설

시로 세상을 치유하려는 사람

한명희(시인. 강원대 교수)

1. 카시오페아 세 번째 별에서 온 사람

사랑하는 장미꽃을 소행성 B-612에 남겨둔 채 지구별로 왔을 때 어린 왕자는 얼마나 막막했을까? 어린 왕자가 소행성 B-612에서 어떤 삶을 살다 어떻게 지구로 왔는지 그리고 지구에서는 무슨 경험들을 하다 자신의 행성으로 돌아갔을지 잠시 소설 속 어린 왕자의 삶을 떠올려 보자. 보아뱀과 바오밥 나무와 노을을 바라볼 수 있는 의자 그림도 함께 떠올려 보자. 여기 카시오페아 자리 세 번째 별에서 지구로 온 남자가 있다. 생텍쥐페리의 어린 왕자보다는 더 크지만 결코 어른이 될 수 없는 한 사람이 있다. 이 남자의 별명은 피터 팬. 지구에서의 이름은 강동완이다. 그는 왜 지구로 왔는가, 아니 올 수밖에 없었는가. 어떤 사연으로 지구인이 되어서 시집 『외로움은 광부의 삽처럼 번들거리네』를 내놓게 된 것인가.

너내 그거 아니 난 다른 별에서 왔어 카시오페아자리 세 번째 별에서 왔지 이 별은 죽은 사람들의 영혼으로 만들어진 별이야 너희 별에서 사람이 죽으면 영혼이 이 별로 온단다 아름답고 빛보다 빠른 운석을 타고 왔지 우리 별에는 거대한 폭포가 있고 공룡들이 살아 폭포 옆에는 짙은 꽃향기 나는 백합 꽃밭이 아름답게 펼쳐져 있어 꽃 속에는 팅커벨이라는 아주 자그만 요정이 살지 나에게는 죽어가는 생명을 살리는 아주 강력한 힘이 있어 시들어버린 꽃을 만지면 꽃이 짙은 향기를 뿜으며 다시 아름답게 피어나고 가느다란 줄기를 쓰다듬으면 노란 열매가 맺히지 너희 별에 죽음에 너무 기울어진 가여운 영혼들의 차가운 손을 따뜻하게 할 거야

  이런 나에게도 어느 누구에게도 말할 수 없는 상처가 있어 지구의 따뜻한 햇살과 깨끗한 물을 마시면 상처가 나아진대 팅커벨 요정이 말해줬어 그리고 난 너희 별 태평양 깊은 해저 속에 사는 인어 공주를 만나러 왔어 난 어릴 적부터 인어공주를 사랑했거든 이번에 어떻게든 인어공주의 마음을 얻어갈 거야 아, 참 내가 지구에 올 때 우리 별의 성물인 마술 나무를 가져 왔거든 이 마술 나무를 사하라 사막에 심을 거야 그러면 사막이 깊고 신선한 공기가 흐르는 아름다운 숲으로 될 거야 나무 아래 짙은 그늘이 만들어지면 너희들의 지친 영혼을 그늘 속에 잠시 쉬게 하렴

  어쨌든 우리 별과 너희들의 지구가 좀 더 가까워 졌으면 해 서로가 서로에게 따뜻한 손이 되어주는 이 거대하고 차가운 우주 속에서 서로의 불안한 눈빛이 하나가 되어 또 다른 태양으로 다시 태어나길
        ―「따뜻한 별」

  시 「따뜻한 별」은 동화적 상상력으로 가득차 있다. 다른 별에서 사하라 사막으로 온 '나'는 생택쥐베리의 『어린왕자』를, "팅커벨이라는 작은 요정"은 『피터 팬』를 떠올리게 한다. 아마도 "깊은 해저 속에 사는 인어 공주"는 안데르센의 동화에 나오는 목소리를 잃어버린 인어 공주일 것이다. 굳이 고전이 되어버린 동화에서 많은 것을 차용했다고 해서가 아니더라도 이 시는 "공룡"이라든가 "마술나무"의 이미지가 등장한다는 점, 별과 별이 서로 따뜻한 손이 되어주는 화해로운 결말을 유도한다는 점에서도 동화적이다.

강동완 시인의 시세계를 살펴보면서 이 시에 우선 주목하는 이유는 카시오페아 자리 세 번째 별에 사는 어린 왕자가 지니고 있는 깊은 사연- 누구에게도 말할 수 없는 상처를 이 시가 보여주기 때문이다. 이 상처가 그를 지구별로 오게 했기 때문이고, 이 상처 때문에 그는 지구에서 시인이 되었기 때문이다. 그가 살던 카시오페아 자리 세 번째 별은 지구에서 죽은 사람들의 영혼이 가는 곳이다. 그 별은 폭포와 공룡, 그리고 꽃밭이 펼쳐져 있는 곳이고 마술 나무가 있는 곳이다. 이런 특별한 별에서 그는 특별한 능력을 발휘했었다. 죽어가는 생명을 살릴 수 있었던 것이다. 시들어버린 꽃도 그의 손길이 닿으면 다시 피어나고 열매까지도 맺히게 할 수 있었다. 그러나 몹시 안타깝게도, 죽음에 기울어진 영혼들을 가엾게 여기는 마음으로 생명을 되살릴 수 있는 이 따뜻한 사람이 정작 자신의 상처만은 어쩌지 못했던 모양이다. 그가 지구로 올 수밖에 없었던 것은 그가 지닌 특별한 능력으로도, 카시오페아 세 번째 별에 사는 마술 나무로도 그의 상처를 치유할 수 없었기 때문이다. 상처가 얼마나 깊은 것이기에 자신의 별을 떠나 다른 별에까지 와야만 했던 것일까? 어떤 상처이기에 지구의 따뜻한 햇살과 깨끗한 물만이 그의 상처를 낫게 할 수 있는 것일까? 지구인인 우리가 생각지 못했던 지구의 능력이 놀랍다기보다는 생명의 치유 능력으로도 고칠 수 없는 그의 상처가 안타깝다.

위에서 그가 자신의 상처를 치유하기 위해 지구에 왔다고 했지만 이것은 반만 맞는 말이다. 그는 자신만을 생각하기에는 너무도 따뜻한 사람이다. 지구에 온 후 그는 우선 어릴 적부터 사랑했던 인어 공주를 찾아가 인어 공주의 마음을 얻을 것이다. 그리고 사하라 사막에 마술 나무를 심어 아름다운 숲을 만들 것이다. 그리고 지친 영혼들을 불러들여 숲의 나무 그늘에서 쉬게 할 것이다. 그리고 종국에는 자신의 별과 지구 두 별이 서로에게 따뜻한 별이 되도록 할 것이다.

강동완 시인의 시 쓰기는 자신의 상처를 치유하고 또 자신의 시를 통해서 다른 사람들에게 나무 그늘을 만들어 주는 과정이라고 볼 수 있다. 아픔을 겪어본 사람 특유의 시선으로 아픈 사람을 달래주려는 시도가 그의 시쓰기이다. 그의 시집은 그가 세상에 내미는 따뜻한 손인 셈이다. 많은 경우, 시인들의 시 쓰기는 자신의 상처를 치료하는 과정이 된다. 의식적이건 무의식적이건 상처를 치유하기 위해 시를 쓰고 또 쓰는 것이다. 강동완 시인은 누구보다 이것을 선명하게 자각하고 시를 쓰는 시인이라고 생각된다. 여기서 한 걸음 더 나아가 자신의 시가 다른 사람의 상처를 치유할 수 있기를 바란다. 시를 통해 세상이 치유될 수 있다고 믿는다는 점에서 그를 어린아이 같다고 해도 좋을까? 그가 동화적인 세상을 꿈꾼다고 해도 좋을까?

 소행성 B-612에서 "어린 왕자"가 사하라 사막으로 왔을 때, 그는 기다란 망토를 두르고 장화를 신은 채 한 손에는 칼을 들고 있었다. 마치 중세의 기사와도 같은 모습이었다. 강동완 시인이 카시오페아 세 번째 별에서 사하라로 왔을 때 그는 "피터팬"의 영혼을 입고 온 듯하다. 모습은 어른의 모습일지 몰라도 그의 내면에는 "피터팬"의 마음이 깃들어 있는 듯하다. 앞에서 인용한 시 「따뜻한 별」에서 화자에게 지구에 가면 상처를 치료할 수 있을 거라고 알려준 존재가 요정 "팅커벨"이었음을 기억할 때 그가 피터팬과 친연성을 갖는 것은 당연한 일일 것이다.

 우리 동네에는 듣지도 못하고 말하지도 못하는 피터팬이 있어
 그 벙어리 아저씨는 차가운 공기가 내려앉은 새벽, 바람에 날리는 잎사귀를 타고
 누군가 무심히 흘린 슬픈 영혼들을 주머니 속에 주워 담지
 그래서 벙어리 피터팬의 주머니는 항상 따뜻해
 주머니가 가득차면 마을 중앙에 있는 바오밥나무 구멍에다 영혼들을 차곡차곡 넣어두지
 비가 내리는 날이면 바오밥나무 뿌리는 비에 젖은 차가운 영혼들을 빨아들이고
 나무는 잎사귀가 무성해지고 아름다운 열매가 빗방울처럼 매달려

 어두운 거리 굶주린 길고양이들이 차가운 공기에 눌려 쓰러지고

갈색 눈빛만이 어둠 속에서 반짝인다
길고양이에게 아름다운 달빛을 양푼에 담아 먹이를 주던 성실한 신들이
다른 행성으로 휴가를 떠나면 벙어리 피터팬은 매일 밤마다 떨어진 꽃잎을
고양이에게 먹였다 벙어리 피터팬이 길고양이의 갈색 털을 쓰다듬는다
반딧불이 모여들어 길고양이의 차가운 발을 따뜻하게 하고
벙어리 피터팬의 눈동자 속으로 들어가 따뜻한 눈물이 된다

피터팬의 영혼이 지치면 꽃술 속으로 들어가 잠이 들었다
팅커벨 요정들이 이불처럼 꽃가루를 피터팬의 몸에 뿌려준다

차가운 겨울 날 내리는 가벼운 눈에 부딪쳐 사람들의 온몸은 푸른 멍이 들었다
떨어진 영혼의 조각들은 눈 속에 숨어 떨고 있었다
영혼들이 눈 속에서 추울까 봐 피터팬은 자신의 몸속에 있는
심장들을 떼 내어 따뜻한 등불처럼 떨고 있는 영혼 옆에 나두었다
벙어리 피터팬의 눈동자는 빛 속에서 무한히 깊어진다
따뜻한 눈물은 매서운 눈을 녹이고 영혼들 주위를 흐른다
피터팬은 간혹 바람으로 변해서 슬픈 영혼들을 태워 구름 위에서 쉬게 하거나
빗방울이 되어 누군가의 꿈속으로 스며들어 마른 영혼들을 촉촉이 적신다

쏟아지는 햇살들이 붉은 꽃잎이 되어 벙어리 피터팬의 얼굴에 떨어진다
벙어리 피터팬은 불타오르는 태양이다
　　　　―「빛 속에서, 벙어리 피터팬」

 이 시는 앞서 인용한 「따뜻한 별」과 상호텍스트적으로 읽는 것이 좋다. 시인이 카시오페아 세 번째 별에서 지구로 온 후에 살아가는 모습이 이 시에 그려져 있기 때문이다. 시인의 객관적 상관물에 해당하는 '피터팬'이 어쩌다 자신의

왕국 네버랜드를 떠나 카시오페아 세 번째 별로 가게 되었는지는 모르겠다. 그가 말하지 않더라도 우리 모두는 알고 있다. 피터팬 같은 동심이 살만한 곳은 마땅치 않다는 것을. 어쨌든 피터팬이 다시 지구로 오게 되었을 때, 그는 더 이상 어린이의 모습이 아니다. 더 이상 날아다니지도 않는다. 그는 "듣지도 못하고 말하지도 못하는 벙어리 아저씨"의 모습으로 지구에서 살아간다. 그러나 그의 본성은 역시 '치유하는 자'이다. 「따뜻한 별」에서 그가 보여주었던 치유자의 모습, 즉 사막에 나무를 심어 아름다운 숲을 만든 다음 지친 영혼들을 불러들여 쉬게 하는 것이 이 시 「빛 속에서, 벙어리 피터팬」에서는 "자신의 몸속에 있는 심장들을 떼 내어 따뜻한 등불처럼 떨고 있는 영혼 옆에 나무"는 모습으로 나타난다. 그가 진정 원하는 것은 '슬픈 영혼들'에게 안식을 주는 것이다. 그는 '신'까지는 아니지만 적어도 '성자'의 모습으로 지구에 왔다고 보아도 좋다. "성실한 신들이/ 다른 행성으로 휴가를 떠"난 후 그 빈 자리를 메우는 존재가 바로 이 피터팬이기 때문이다. 피터팬은 간혹 바람으로 변하거나, 빗방울이 되어서 슬픈 영혼들을 쉬게 하고 또 촉촉하게 만든다. 시의 끝 행에서 피터팬이 '불타오르는 태양'이라는 은유를 쓴 것은 피터팬이 신의 영역에 도달했음을 유추하게 한다.

그런데 여기서 우리가 주목해야 할 것은 성자처럼 살아가는 이 피터팬이 사실은 신처럼 완벽한 존재가 아니라 보통 사람보다 핸디캡이 많은 사람이라는 것이다. 그는 '듣지도 못하고 말하지도 못하는' 아저씨의 모습으로 슬픈 영혼들을 위로하고 있는 것이다. 「따뜻한 별」에서 어린 왕자가 다른 사람들의 상처를 치유하면서 자신의 상처를 치유하려고 했던 것처럼, 이 시에서도 피터팬이 슬픈 영혼들을 위로하면서 자신까지 위로하고자 하고 있다고 보아도 좋을 것이다.

시인이란 시를 통해 다른 사람의 영혼을 위로하고 어루만져 주는 존재라고 할 때, 강동완 시인만큼 시인으로서의 역할에 충실한 사람도 흔치 않을 것이다. 그의 시는 다른 사람들에게 스며들어 그들이 지닌 상처를 조금이라도 치유해 주고자 하는 보이지 않는 의지로 가득차 있다. 이것은 그만큼 강동완 시인이 '시가 지니는 힘'을 믿는다는 것이고 그만큼 그의 삶에서 시가 차지하는 비중이 크다는 의미이기도 하리라.

2. 상처의 근원을 찾아서

랭보의 "상처 없는 영혼이 어디 있으랴"라는 말이 아니더라도 우리 모두는 상처를 입고 입히며 살아가고 있다는 것을 잘 알고 있다. 상처라는 말은 보통 부정적 어감을 지니지만 많은 시인들에게 이 '상처'는 시를 쓰게 하는 추동력의 근원이 되기도 하다. 특히 시인의 첫시집에는 이러한 상처에 대한 고백이 많은데 강동완 시인의 시집에서도 이러한 요소들을 찾아볼 수 있다. 유난해 보이는 그의 상처를 들여다 보기로 하자.

> 외로움은 광부의 삽처럼 번들거리네
> 어두운 추억들은 검은 석탄들처럼 힘없이 부서져 내리네
> 광부의 심장 속에서 뿜어져 나온 따뜻한 피가 단단한 암석 틈에서 흘러나오네
> 땅속에 숨어 있던 죽은 바람들이 광부의 뜨거운 목을 서늘하게 했네
> 석탄 가루가 날리면 광부들은 코를 손으로 막고 쿵쿵거리고
> 자꾸 눈을 깜박거리고 가볍게 날리는 것은 모두 아픈 것이었네
> 광부의 시커먼 눈 속에서 잎사귀 가득한 나무들이 자라났네
> 강물의 냄새를 가진 꽃들이 피어났고 그 어두운 공간은
> 거대한 숲으로 변했지 광부들은 그 서늘한 그늘 속에서
> 모든 짐을 내려놓고 잠시 쉬기도 했네
> 이 어둡고 사나운 공간에 호랑나비 하나 날아들었네
> 광부의 따뜻한 눈물이 나비의 영혼이 되었을까
> 자꾸 나비들은 광부의 젖은 눈 속으로 햇살처럼 뛰어드네

어둠뿐인 이곳에서 희미한 백열전등의 푸른빛이
　　광부의 가녀린 어깨 위로 먼지처럼 떨어지네
　　삽으로 석탄을 캐던 광부는 어깨가 탈골되기도 했네
　　광부들의 거칠게 숨 쉬는 소리가 단단한 암석을 깨트린다
　　이리저리 부딪치는 빗방울처럼 떨어지다가 흔적 없이 말라가네
　　이 어둠속에서 광부의 시퍼런 입술 같은 추위가 서글프게 밀려온다
　　광부들의 입술은 차갑게 죽은 나비의 날개 같았네
　　백열전등이 꺼지면 무거운 어둠 속에서 광부의 눈알들이 떨어져 나와
　　희미하게 불을 밝힌다
　　나는 이 숨 막히는 어둠 속에서 살아서 나갈 수 있을까 아름다운 빛 속으로,
　　캄캄한 어둠과 두려움, 무의식이 매일 나를 덮쳐온다
　　외로운 광부들은 오늘도 번들거리는 삽을 들고 어둠이 가득찬
　　내 머리 속에서 삽질을 하고 있다
　　내 머릿속에는 햇살처럼 핏물이 가득 차있다 붉은 눈물이 되어 흘러나온다
　　단단한 어둠 속에서 다이아몬드 같은, 죽음보다 깊은 삶의 불빛을 찾는다

　　나는 오늘도 번득이는 삽을 들고 깊이를 알 수 없는 삶 속으로
　　터벅터벅 걸어 들어간다
　　　　─「외로움은 광부의 삽처럼 번들거리네」

　한 사람의 생애를 과거, 현재, 미래로 거칠게 나누어 볼 수 있겠는데 위의 시의 화자는 세 가지 영역의 시간대 모두에서 절망적인 상황에 놓여 있다. 이 시를 읽기 위해서는 먼저 깜깜한 갱도에 갇힌 한 광부를 떠올리는 것이 필요하다. 광부는 어깨가 탈골된 채 어둠뿐인 갱도에서 밀려오는 추위와 싸우고 있다. 빛이라고는 자신의 눈알에서 떨어져 나온 것뿐일 정도로 절망적인 상황이다. 이 암담한 현재를 이겨나갈 만한 힘이 화자에게는 없다. 과거를 장식하는 것은 '어두

운 추억'뿐이고, 따라서 긍정적인 미래를 떠올리기 힘들다. 이 숨막하는 어둠에서 살아나갈 수 있을지 화자는 확신하지 못한다. 이 극한 상황에서 화자가 느끼는 감정 중 압도적인 것은 '외로움'이다. 시의 첫 행과 시의 제목을 다시 확인해 보자. '외로움은 광부의 삽처럼 번들거'린다는 인식이 이 시를 가득 채우고 있는 것이다. 그가 갱도 속에서 애타게 찾고 있는 '아름다운 빛', '죽음보다 깊은 삶의 빛'은 그의 외로움을 따뜻하게 데워줄 그런 빛일 것이다.

강동완 시인의 시에서 '외로움'에 대한 토로를 확인하는 것은 어려운 일이 아니다. 그의 '외로움'은 자주 어머니를 잃은 아이의 외로움, 여자 친구를 잃은 남자의 외로움의 모습으로 드러난다. 그러니까 그의 외로움은 주로 '상실'에 의한 외로움이라는 말이다. 있던 것이, 심정적으로 가장 가까웠던 것이 사라져버렸을 때의 상실감을 피력한 시들을 살펴 보자.

사과를 깎으면 눈물이 났다
어머니는 화롯불 옆에서 마르지 않는 투명한 눈물을 깎다가 손을 베인다 차가운 침묵이 입속에서 말랑말랑해질 때까지 죽은 새들은 연탄구멍 속으로 알콜에 취한 아버지의 절망을 실어 날랐다 연탄구멍 속에서 따뜻하게 데워진 노래가 흘러나왔다 어린 아이들은 목이 말라 입을 벌리고 추운 겨울날 허공 속을 날아다니는 오리털 같은 따뜻한 노래를 머리끝까지 덮었다 나는 한 번도 만난 적 없는 죽음 앞에서 흐느꼈다 내 책가방 속에 얼어붙은 무 같은 엄마를 구겨넣고 학교로 마른 나뭇잎처럼 날아갔다 그해 겨울은 앙상한 맨발이었지만 털양말처럼 따뜻했고 안전했다
— 「사과를 깎으며」 부분

빨강머리 앤도 나를 사랑하고 있는 걸까 그녀는 가끔 종이비행기를 타서 달에 갔다 오곤 했다 빨강머리 앤을 찾을 수 있을까 빨강머리 앤은 우리 집 이층에 세 들어 살았다
— 「잘 있니, 빨강머리 앤」 부분

나는 푸른곰팡이 핀 오랜 잠속에서 툭툭 털며 나와 기침을 하며 커튼을 거둔다
며칠 만에 비가 그치고 햇살이 사방에서 침실로 쏟아져 들어오고 있다
부다페스트에는 따뜻한 눈물을 가진 엄마가 없었다
에메랄드빛 강 속 오랜 잠속으로 사라지셨다
사랑하는 여인도 없었다 우울한 낭만만이 있었다 쏟아지는 비의 냄새였다
부다페스트에는 에메랄드빛 강과 빨간 지붕들이 있고 빨간 하이힐을 신은 여인들이 있지만
여전히 부다페스트의 하늘엔 새가 날지 않는다
―「부다페스트의 낭만」 부분

지나가는 연인들 남자는 울고 여자는 키득거리며 웃고 있다
이 골목을 지날 때마다 여자는 뚱뚱해지고 남자는 야위어져 갔다
이곳을 지나는 연인들은 거의 대부분 헤어지거나 서로를 기억하지 못했다
―「빛이 떨어지는 소리」

 강동완 시인의 시에서 어머니는 주로 눈물의 이미지와 더불어 등장하는데, 그나마 주로 가버리고 없는 존재이거나 가까이 있더라도 '얼어버린 무 같은 엄마', 아프거나 죽어가는 엄마이다. 사랑했던 여인들도 '빨강머리 앤'처럼 사라지고 없다. 「부다페스트의 낭만」에서는 엄마와 사랑하는 여인이 모두 사라지고 없는 상태이다. 강동완 시인의 시에서 연인들은 서로 헤어져 있거나 같이 있어도 서로를 알아보지 못한다. 정신분석학적으로 해석해 보자면 동화 속의 인물에서 인용한 '빨강머리 앤'이나 '사랑하는 여인'은 '어머니'의 연장선에서 이해될 수도 있을 것이다. 그러나 여기서는 강동완 시에 드러나는 '상처'의 중요한 원인 중 하나가 사랑하는 사람을 잃은 외로움에서 비롯된 것이라는 점만을 확인해 두기로 하자.
 상실의 외로움과 더불어 강동완 시의 '상처'를 구성하는 중요한 요소는 '가

족'이다. 사실, 원가족은 개인이 사회와 상호작용하는 것을 배우는 최초의 장소이며, 자아정체성을 형성하는데도 가장 중요한 요소이다. 어떠한 한 가정의 분위기가 고스란히 드러나 있는 시 「불타는 토마토 이야기」를 살펴보자.

> 술에 취한 아빠와 싸운 토마토는 집을 나갔다 한 달째 집에 돌아오지 않고 있다
> 우리 집에는 태양이 떠오르지 않았다 어둡고 서늘했으며
> 절망들이 마룻바닥 위에 불안한 먼지처럼 떨어져 있었다
> 아무도 그 두려운 절망을 쓸어내지 않았다
> 가끔 누나의 숨죽인 울음소리
> 이불 속에서 들렸다
> ─「불타는 토마토 이야기」

술 취한 아빠와 부부 싸움 후 집을 나간 '토마토', 이불 속에서 숨죽여 우는 누나, 그리고 그것을 지켜보는 나. 비극이라면 비극이고 지극히 평범하다면 평범한 풍경이다. 전혀 충격적일 것도 새로울 것도 없는 가족사라고 하면 시인에게 지나치게 가혹한 것일까? 한 가지 분명한 것은 이러한 가정 분위기가 시인에게 세상을 '태양이 떠오르지 않'고 '어둡고 서늘했으며', '절망이 마룻바닥 위에 불안한 먼지처럼 떨어져있었' 던 것으로 인식되게 하였다는 데 있다. 그러나 강동완 시인은 이 상처와 절망 속에 결코 갇히어 있지 않는다. 자신이 먼저 아파 보았으므로 아픈 다른 사람들의 상처를 어루만져주겠다는 것으로 나아간다. 그래서 강동완 시인의 시에서 상처는 아주 중요하다.

3. 현실 너머의 세계

다른 사람의 상처를 어루만져 주고 싶다는 마음, 어머니와 사랑하는 여인에

대한 애착 이러한 것들을 순수함의 발현이라고 이야기할 수 있을까? 피터팬과 팅커벨, 빨강머리 앤, 은하철도 999, 빌헬름 텔, 인어공주를 자주 호명하는 것은 분명 동심에서 비롯된 것이고 이러한 동심 역시 순수함의 다른 방증이 아닐까? 이 모두는 강동완 시인의 시에서 드러나는 것들인데, 이러한 순수함 때문에 다음과 같이 아름다운 시가 탄생할 수 있었을 것이다.

> 별자리가 새겨진 기린 한 마리가 노을 속으로 터벅터벅 걸어 들어간다
> 목이 마른 기린은 노을의 흘린 눈물을 먹었다
> 기린의 몸에서 아름다운 별자리들이 수없이 태어났다
> 나는 기린의 몸에 아름다운 별자리를 수없이 새겼다
> 기린은 가벼운 침묵 속에서 슬픔의 소리 흐르는 신비스런 우주이다
> 기린의 몸에서 아픈 노을이 흘러나온다
> 기린은 구름으로 만들어진 방울달린 모자를 썼다
> 모자 속에서 안개가 새어나왔고 기린은 안개가 되었다
> 아무것도 볼 수 없으니 아무것도 만질 수 없으니 오히려 마음이 편했다
> 그러나 가끔 나의 손이 너의 뜨거운 심장에 닿았으면 했다
> 우울한 사람들이 안개 속에 불온한 기도문을 던지고 갔다
> 외롭게 땅 밑을 기어 다니던 안개가 내 몸에 달라붙었다
> 안개들은 전신주 밑에 모여 은빛 안경 태를 가진 돋보기안경이 되었다
> 나는 이 세상의 모든 꽃들에게 향기 나는 안경을 씌웠다
> 떨어지는 붉은 꽃잎과 푸른 향기는 우울한 당신의 가슴속에 안전하게 스며들었다
> 우울한 우리들의 가슴속에서 시들어버린 꽃의 향기가 햇살과 몸을 섞으며
> 그늘 속에서 짙게 드리웠다
> 거인들은 신비스런 꽃을 꺾어 노을 속으로 던졌다 노을은 꽃의 향기를 맡으며
> 잠이 들고 기린도 따뜻한 구름 속에서 잠이 든다
> 향기로운 꽃들이 노을에 녹아 빛이 되기도 했다

그러는 날이면 거인들이 난쟁이가 되거나 난쟁이들이 거인이 되는
이상한 일이 일어나기도 했다
뜨거운 별들이 가녀린 내 몸에 달라붙어 몸은 녹아내리며 빛 속으로 사라졌다
늙은 기린 한 마리가 어둡게 말라버린 노을을 끌고 빛이 없는 행성 속으로 사라졌다
안개가 텅 빈 나의 심장을 채웠다 멈춰있던 심장이 어둠속에서 뛰기 시작했다
다시 안개가 걷히니 아름다운 노을이 보였다
노을 속에 누군가의 가벼운 영혼을 태운 나뭇잎이 떠다니기도 했다
저 멀리서 어린 기린 한 마리가 젖은 꽃잎으로 만들어진 노을을 끌고
이곳으로 오고 있었다

어린 기린은 안경을 썼고 향기로운 꽃들도 안경을 썼고 이 세상의 모든 우울과 빛도 안경을 썼고 우울한 우리들도 가끔 안경을 밟고 생生을 가볍게 지나갔으나 그 모든 안경들은 깊이를 알 수 없는 안개였다 안개의 영혼이 죽어서 피어난 안개꽃으로 노을이 만들어진다 노을이 안경 쓴 기린이 되고 기린의 몸에서 흘러나온 노을 속에 아름다운 별자리들이 둥둥 떠다닌다
 기린이 뚜욱 안경 속에서 가볍게
 떨
 어
 지
 는
 소
 리
 마침내 들린다
     ―「기린의 몸에서 흘러나온 노을」

'따뜻한 구름 속에서 잠든 기린', '젖은 꽃잎으로 만들어진 노을', '향기 나는 안경을 쓴 꽃', 이 모두가 놀랍고 기발한 상상력을 보여준다. 기린의 몸에서 별자리가 계속 만들어지고 기린은 노을 속으로 걸어 들어간다. 어디에서도 본 적이 없는 완전히 새로운 이미지이다. 이 새로운 이미지 속에 강동완 시인이 지향하는 시 세계가 들어가 있다. 이 시의 화자 역시 "외롭게 땅 밑을 기어다니던 안개가 내 몸에 달라붙"어 있는 외로운 사람이다. 거기다 "아무것도 볼 수 없고 아무것도 만질 수 없"는 핸디캡을 지니고 있다. 강동완 시인의 많은 시들이 그러하듯 이 시의 화자도 세상의 모든 낮은 존재를 향해 손을 내밀고 있다. 그는 "이 세상의 모든 꽃들에게 향기 나는 안경"을 씌워주고 있는 것이다. 향기나는 안경을 쓰고 세상을 바라보면 이 세상이 향기롭게 보일 것이고 그렇게 함으로써 우울하고 어두운 생을 가볍게 지나갈 수 있게 되는 것이다. 안경은 보통 나쁜 시력을 보완하기 위해 쓰는 것이지만 화자는 이것을 후각적인 것으로 만드는데, 이것은 그 자신이 아무것도 볼 수 없고 아무것도 만질 수 없는 상태에 처해 있다는 것과 관련이 있다. 그러니까 이 시에는 이 세상 모든 것들이 세상을 아름답게 보게 하려는 염원 같은 것이 담겨 있다고 할 수 있다. 물론 이러한 자선은 궁극적으로는 화자 자신의 상처를 치료하는 것이기도 하다.

「기린의 몸에서 흘러나온 노을」은 시 속에 담긴 마음만큼이나 시의 이미지들 또한 아름답다. 기린, 노을, 별, 꽃 등이 외로움과 우울함을 다 덮어버리는 풍경이니 말이다. 그러나 다시 이 시가 보여주는 이미지들을 시각화해보면 아주 초현실적인 그림이 나타난다. 목가적이거나 전원적인 풍경이 아니라 초현실적인 그림이라는 말이다. 초현실주의 그림의 대표작으로 잘 알려진 살바도르 달리의 「기억의 지속」과 덜 알려졌지만 거대한 동물이 노을 속에 떠 있는 듯한 그림 「코끼리」를 떠올려 보면 좋겠다. 커다란 기린이 있고 기린의 몸에서 노을이 흘러나온다. 그리고 그것이 점점 퍼져나간다. 끝내 노을은 말라버리고 그 말라버린 노을을 이끌고 기린은 빛이 없는 행성으로 사라져버린다. 보통의 상상력으로는 "향기로운 꽃들이 노을에 녹아 빛이 되"는 이런 장면을 만들어내기 어렵다. 그만큼 강동완 시인의 시에는 완전히 새로운 표현들이 많다.

  나는 이 시가 아름답다고 했는데 정확히는 강동완 시인의 시 중에서는 아름답다고 하는 것이 맞다. 이 시가 보여주는 시각적인 이미지는 괴이하고 야릇한 면을 많이 포함하고 있다. 사실, 강동완 시인의 시에는 호러 영화나 슬래셔 영화에서나 볼 수 있을 것 같은 장면들이 많다. 그의 시를 영화로 옮긴다면 고어물이 될 것이 틀림 없다. 우리 시에서 이렇게 하드 코어한 경우가 있었나 싶다.

  머리를 붉게 염색한 한 여자가 식칼로 닭을 내려치고 있다
  여인은 철갑을 두른 무사처럼 거대한 청룡도를 휘두른다
  도마 위에서 닭은 마지막 숨을 내뱉으며 날개를 파르르 떨고
  피가 흩뿌려진 흙속에서 상사화 한 송이 피어났다
  여인의 눈빛은 빛이 일렁이는 대나무 잎사귀처럼 날카롭게 반짝였다
  식칼과 닭 사이에는 고압전선처럼 팽팽하다
  식칼의 날카로운 단면이 닭의 몸을 지날 때 여인은 살인의 쾌감을 느꼈다
  그 쾌감은 의식을 치르는 어떤 투명한 주문 같았다

  여인은 전분 반죽과 튀김가루 대신 죽은 닭의 하얀 몸에 붉은색 페인트를 칠했다
  그리고 머리 없는 유령을 그려넣는다
  이것은 이 통닭집의 3대째 내려오는 비법이다
  통닭집은 이것을 페인트 통닭이라 부른다
  기름대신 100℃의 가득찬 눈물 속에 잘려진 닭의 몸을 튀긴다
  이래야 제 맛이 난다 눈물은 아침마다 장례식장에서 수거해 온다
  장례식장에서 사람들의 흐르는 눈물이 가장 따뜻하기 때문이다
  닭의 몸속으로 눈물이 스며들면 껍질은 퍽퍽거리지 않고
  푸른 나뭇잎사귀처럼 바삭거린다
  눈물이 스며든 닭의 몸둥아리를 먹으면 내 빈약한 혈관 속에 눈물이 채워지고

눈물이 흐르고 심장은 더 뜨거워진다 투명한 털들이 온몸에 자라나고
우리들은 하얀 유령이 된다 너무 맛있어 눈물이 난다

이 시장 골목에서는 유령들이 바람처럼 이곳저곳을 횡 돌아다닌다고 한다
아니면 페인트 통닭집에 유령들이 손을 모으고 허리를 굽혀 손을 비비며
아침마다 줄을 서서 기다리고 있다
그래서 이 통닭집의 이름은 유령 통닭집이다 세상에서 가장 맛있는,

숲속에 숨어 있던 토끼들이 시장으로 내려와 도마 위에 목을 대고
여인에게 식칼을 내려쳐 달라고 부탁했다
저도 아름다운 유령이 되고 싶어요
   ―「유령 통닭집」

 시집의 첫 번째 시 「유령 통닭집」이다. 가장 맛있는 통닭을 만드는 방법이 장례식장의 눈물을 모아 통닭을 튀기는 것이라는 아주 중요한 메시지를 이 시는 포함하고 있다. 그의 시의 특징인 상처와 눈물이 여지없이 드러나고 있는 것이다. 그러나 여기서는 이 시에 드러나는 시각적 이미지들에 주목해 보자. 이 시의 1연에는 통닭을 튀기기 위해 닭을 잡는 모습이 필요 이상으로 상세하게 그려져 있다. "식칼의 날카로운 단면이 닭의 몸을 지날 때"의 순간까지 자세하게 포착하고 있는 것이다. 공포물, 특히 슬래셔물을 좋아하지 않는 사람들에게는 이러한 이미지들이 당혹스럽게 느껴질 수도 있을 듯하다. 슬래셔 영화들이 그러하듯, 강동완 시인도 굳이 보여주지 않아도 될 장면들까지 일부러 보여주는 느낌마저 든다. 강동완 시인이 시에서 보여준 상처와 눈물, 그리고 꽃과 나무와 숲의 세계와 이러한 도륙의 세계는 어떠한 연관이 있는 것일까?

 고양이의 몸을 자작나무처럼 톱으로 자르는 끔찍한 상상을 하기도 했다

── 「고양이에게도 자작나무처럼 나이테가 있을까」

피리소리 어둠속에서 박쥐들을 깨우고 한 무리의 박쥐들이
영혼이 가난한 소년의 눈동자를 파먹었다
── 「검은 울음」

커튼 사이로 들어온 햇살이 먼지와 뒹굴며 키스를 하고 있다
삐걱거리는 흔들의자에서 귀 없는 노파가 흔들흔들 졸고 있다
흔들의자는 왈츠 풍으로 방안을 돌아다니고 있다
방 안 한쪽 구석에 거대한 침대 위에 바비인형이 누워있다
인형은 거대한 공장에서 사지가 마비된 채로 태어났다
바비인형은 붉은색 블라우스를 입고 있었다
매일 아침 문틈 사이로 죽음을 알리는 종소리가 흘러왔다 *
노파는 아무것도 들리지 않게 바비인형의 귀를 잘라주었다
── 「인형의 눈물」

  고양이의 몸을 전기톱으로 자르는 끔찍한 상상, 한 무리의 박쥐들이 소년의 눈동자를 파먹는 더욱 끔찍한 상상은 모두 시인의 내면 속 고통의 형상화일 것이다. 「인형의 눈물」에서 보여주는 사지가 마비된 바비인형과 인형의 귀를 자르는 노파도 무엇인가의 은유임에 분명하다. 그러나 이들 호러 영화의 미장센에만 주목하자. 이 괴이하고 공포스러운 미장센들은 모두 강동완 시인이 세상을 보는 관점을 반영한다. 다시 글의 처음으로, 그러니까 강동완 시인이 카시오페아 세 번째 별에서 왔다는 것으로 돌아가 보자. 그리고 그가 벙어리 피터팬의 모습으로 지구에서 살아가고 있다고 했던 것을 기억하자. 그의 시에 피가 튀고 칼이 난무하는 것, 또 유령이 많이 나타나는 것은 지구에서의 적응이 쉽지만은 않다는 점을 보여주는 것은 아닐까? 「외로움은 광부의 삽처럼 번들거리네」에서

시인은 이렇게 말했다. 차가운 겨울날 내리는 가벼운 눈에 부딪혀 사람들의 온몸이 푸르게 멍들었다고. 그래서 시인은 "자신의 몸속에 있는/ 심장들을 떼 내어 따뜻한 등불처럼 떨고 있는 영혼 옆에 놔두었다"고 한다. 꽃으로도 때리지 말라는 말이 있지만, 이 시는 한 걸음 더 나아가 내리는 눈으로도 때리지 말라고 하는 듯하다. 사람들이 가벼운 눈에 부딪혀도 온몸에 푸른 멍이 든다고 하고 있기 때문이다. 많은 눈도 아니고 가벼운 눈을 맞고도 온몸이 멍 드는 사람들은 그만큼 여리고 순수한 사람들일 것이다. 이런 사람들을 위해 시인은 기꺼이 자신의 심장을 떼어낸다. 심장을 떼어내서 멍든 영혼들 옆에 둔다. 물론 멍든 영혼들을 살리기 위해서다.

이렇게 순수한 심성을 가진 시인에게 이 지구에서의 삶은 지나치게 폭력적인 것인지도 모른다. 거기다 이 시인은 다른 사람들의 상처를 무연히 보아넘길 수 없는 섬세함까지 지녔다. 눈에 맞은 상처까지 이 시인의 눈에는 다 보이는 것이다. 그의 시에 슬래셔한 장면들이 자주 등장하는 것은 거꾸로 그가 그만큼 여리고 순수한 영혼의 소유자임을 방증하는 것은 아닐까? 박쥐들이 가난한 소년들의 눈알을 파먹는다는 구절은 그가 소년들이 눈빛 하나 다치지 않기를 바라는 마음이 투영된 것이 아닐까? 강동완 시인의 시가 어떠한 상황에서도 꽃과 나무와 숲을 노래하고 있다는 사실, 끊임없이 따뜻한 빛을 갈구하고 있다는 사실이 나의 이러한 추측을 뒷받침한다고 생각한다.

4. "아픈 나를 영원히 사랑할 것이다"

상처 입은 영혼이 많으니 상처를 노래하는 시인도 많고, 상처가 많다 보니 상처를 견디려는 노력을 보여주는 시들도 부지기수다. 자신의 상처가 깊다 보면 남의 처지를 돌보기가 쉽지 않다. 자신의 상처를 견디는 것만으로도 너무나 힘이 들기 때문이다. 강동완 시인의 시에는 자신의 상처에 대한 명확한 인식과 더

불어 다른 사람의 상처를 어루만지겠다는 마음이 뚜렷하게 드러난다. 자신이 너무나 아파보았기에, 혹은 지금 아프기에 다른 사람의 아픔을 그냥 보아 넘길 수 없는 이타심, 이것이 그의 시의 근원인 셈이다.

> 난 매일 아침마다 신선한 사과 하나를 먹는다
> 냉장고 안에 사과가 있기를 세 번의 기도를 하고 세 번의 기침을 한다
> 빛 속에서 화살 하나 날아와 냉장고를 뚫고 사과에 박힌다
> 다른 세계에서 온 그의 이름은 빌헬름텔이다
> 나를 죽이려 했지만 다행이도 난 빛으로 채워진 세상 속에서 단단히 살아가고 있다
> 나는 그와 그의 추종자를 돌려보내기 위해 사과를 먹는다
> 사과를 매일 냉장고에 넣어 두고 빌헬름텔에게 매일 사과한다
> 빌헬름텔은 무의식 속에서 살아가는 또 다른 나다
> 그들이 원하는 건 빛 속에서 온 빨간 사과 하나였으므로,
>
> 다시 어둠 속에서 냉장고를 부수기 시작했다
> 다른 세계에서 살고 싶다
> 죽음에 기울어진 차가운 영혼이 얼음처럼 부서져야
> 그곳이 다른 세계일까
> 다시 냉장고 안 얼음을 어그적 어그적 씹으며 잠이 든다
> ─「사과와 다시 빌헬름텔에 대하여」 부분

이 시에서는 의식 속의 나와 무의식 속의 나, 내가 지금 살고 있는 세계와 이전에 내가 살았던 세계, 먹는 사과와 사과하는 사과의 대립이 있다. 그러나 이것을 두 영역 간의 불일치, 불화라고 볼 수는 없다. 다른 세계에서 온 '빌헬름 텔'을 무의식 속의 나 자신으로 받아들이고 있기 때문이다. 시에 따르면 빌헬름 텔은 원래 나를 죽이려던 인물이다. 그러나 시의 화자는 이 빌헬름 텔이 자신의 무

의식 속에서 살아가는 또다른 자신이라고 생각하게 된다. 강동완 시인의 많은 시가 그러하듯 이 시도 현재 자신이 거처하고 있는 세계가 아닌 다른 세계를 상정하고 있지만 굳이 이 세계를 떠나거나 상상 속으로 도피하지 않고 자신에게 주어진 장소에서 단단히 살아가려고 한다는 점에서 인상적이다.

카시아페아 세 번째 별에서 온 피터팬처럼, 다른 세계에서 온 '빌헬름 텔' 도 어른이 아니라 아이라는 점도 강동완 시인의 시에서는 주목해야 할 요소이다. 그는 자주 '동화와 인형과 유령을 이야기한다. 강동완 시인이 말하는 다른 세계는 '동화의 세계', '어린이들의 세계'에 가까운 것이다. 그러나 그가 동화의 세계를 동경한다고는 생각지 않는다. 어린이들의 세계로 돌아가고 싶어한다고도 생각지 않는다. 그는 동화의 세계로 도피하기보다 이 세상에서 단단히 살아가는 쪽을 택하고 있기 때문이다. 이 세상에서의 삶이 아무리 힘들고 아프더라도 말이다.

아래의 시도 강동완 시인의 시에 자주 드러나는 주제들을 변주하고 있다. 들을 수 없는 귀, 불행한 가족사, 나와 또다른 나, 슬픔과 고통, 그리고 슬픔과 고통을 햇살에 말리고 싶다는 생각 등등이 이 시에 드러난다. 그러나 이 시에서 가장 주목해야 할 것은 자신의 슬픔과 고통을 사랑하기로 했다는 선언이다. 우리는 "나는 아픈 나를 천천히 그리고 영원히 사랑할 것"이라는 선언에서 자신의 상처를 숙명처럼 받아들이는 시인의 성숙한 모습을 볼 수 있다. 그리고 시인은 계속해서 말한다. 슬픔이나 고통은 아픈 것이 아니라고. 그리고 그것이 오히려 "걸을 수 있는 지팡이가 되어"준다고 말한다. 이러한 생각을 하는 순간, 그의 귓속에 가득차 있어 사람들의 이야기를 들을 수 없게 했던 슬픔과 고통은 새처럼 하늘 위로 날아가게 된다.

> 난 유리처럼 반짝이는 사람들의 이야기를 들을 수 없다
> 내 귓속에는 슬픔이나 고통들이 가득차 있기 때문이다
> 막 노동일을 하시려고 밖으로 나가신 아버지는 나의 어두운 귓속으로

돌아오지 않으셨다 아픈 모습을 보이기 싫으셨나요
가장 아팠던 그해 겨울은 거칠게 내리는 눈들의 소리와 바람의 소리를
오히려 잘 들을 수 있었다 캄캄한 내 귓속에서 어린 조카가 숙제를 하고
어머니는 차가운 귀를 감쌀 귀마개를 만드신다
하루 종일 사람들에게 밟혀 힘없던 그림자는 롤빵처럼 몸을 말고
서둘러 귓속으로 들어가 잠을 잤다
배고픈 어린 조카는 몰래 그림자를 뜯어먹기도 했다
가끔 빛으로 채워진 붕어들이 어항 같은 귓속을 찾아와 웅크린 슬픔을 뜯어먹고
빛 속으로 사라졌다
눈이 내리면 곰들이 내 귓속으로 들어와 향긋한 아픔의 냄새를 맡으며 겨울잠을
잤다
난 귓속이 가려워 젖어 있는 슬픔을 꺼내 잠시 햇살에 말리기도하고
혹은 고여 있는 슬픔이나 고통들이 죽어 있나 툭툭 건드렸다
나는 오직 내 캄캄한 영혼 속에서 누추한 나와 대화하며
잃어버린 기억들과 차가운 심장에 대해 이야기 했다
슬픔이나 고통의 냄새는 이렇게 비의 냄새처럼 중독성이 강했던가
나는 이 냄새를 사랑하기로 했다

왼쪽 귀가 완전히 안 들릴 때쯤 죽은 귀를 따뜻한 바위에 대어
나는 다시 이 고여 있는 슬픔이나 고통들을 조심스럽게 꺼내려고 한다
죽거나 썩은 모든 추억이나 슬픔 때문에 숨이 막힐 지도 모르니까
뜨거운 햇살에 다치지 않게 슬픔들을 살며시 꺼낸다
민들레 잎사귀에 조심스럽게 올려놓는다 나비가 날아와 슬픔에게
사랑한다 사랑한다 젖은 울음을 흘려보내고 있다
혹은 따뜻한 조약돌을 귀에 대고 조약돌과 조약돌을 탁탁 부딪친다
조약돌의 아름다운 선율과 움직임이 슬픔에게 흘러들어간다

이제 슬픔은 단단한 조약돌이 되어가고 있다

　　나는 아픈 나를 천천히 그리고 영원히 사랑할 것이다
　　슬픔의 냄새에 코를 대고 킁킁거리며 당신의 누추한 귓속을 간절히
　　방문하겠습니다 슬픔이나 고통은 아픈 것이 아니라고,
　　걸을 수 있게 지팡이가 되어주는 것처럼.
　　귓속에 웅크렸던 새가 푸드덕 날개를 치며 하늘 위로 날아갔다
　　　　―「귓속에 웅크린 새 혹은 중이염」

　시는 인간의 감정에 호소하는 양식이므로 시를 읽는 사람들은 싫든 좋든 시를 읽고 정서적인 영향을 받게 된다. 물론 읽은 사람의 정서에 전혀 영향을 미치지 못하는 시들도 많다. 잘못 쓴 나쁜 시들이 그렇다. 강동완 시인의 시는 읽는 사람의 마음을 심하게 요동치게 한다. 누구라도 강동완 시인의 의연한 태도, 그러니까 슬픔과 고통을 천천히 그리고 영원히 사랑하겠다는 다짐은 숙연하게 느끼지 않을 수 없을 것이다. 그는 당분간 슬픔과 고통 속에서 살 것 같다. 그리고 그 힘으로 다른 사람들의 상처를 어루만지고 위로할 것 같다. 이것이 강동완 시인이 시를 쓰는 이유이고 또 쓸 수밖에 없는 이유이므로 그는 정말로 영원히 아플지도 모른다. 그러나 나는 이 폭력적인 세상에서 그가 조금 덜 상처받기를 바란다. 슬픔과 고통의 기억들을 벗어나기를 진심으로 바란다. 슬픔과 고통을 벗어난 곳에 또다른 시의 세상이 열릴 수도 있기 때문이다. 그때도 강동완 시인은 그만의 순수하고 따뜻한 눈으로 사람들의 상처를 보듬어 줄 것이다.